# El reto
# de los párvulos

# El reto
# de los párvulos

## Para padres adolescentes
## con niños hasta de tres años

**Jeanne Warren Lindsay, MA**

**Versión en español
de Argentina Palacios**

Morning
Glory
Press

**Buena Park, California**

*El reto de los párvulos*
(En inglés: *The Challenge of Toddlers*)
es parte de una serie de seis libros de **Teens Parenting**.
Otros títulos:
*Tu embarazo y el nacimiento de tu bebé*
(En inglés: *Your Pregnancy and Newborn Journey*)
*Crianza del recién nacido* (En inglés: *Nurturing Your Newborn*)
*El primer año del bebé*
(En inglés: *Your Baby's First Year*)
*La disciplina hasta los tres años*
(En inglés: *Discipline from Birth to Three*)
*Teen Dads: Rights, Responsibilities and Joys*
*Mommy, I'm Hungry! Good Eating for Little Ones*

*Información sobre la catalogación de esta publicación
en la Biblioteca del Congreso disponible si se solicita.*

**ISBN 978-1-932538-64-9**

MORNING GLORY PRESS, INC.
6595 San Haroldo Way    Buena Park, CA 90620-3748
714/828-1998    1/888-612-8254
e-mail info@morninggglorypress.com
www.morninggglorypress.com
Impreso y encuadernado en Estados Unidos de América

# Índice de materias

# Prefacio

Si has sido madre (o padre) por lo menos un año, o si lo vas a ser, de un niño o una niña de uno a tres años, este libro es para ti. Es especialmente para ti si eres madre o padre adolescente. Madres y padres adolescentes comparten sus perspectivas sobre la crianza a través de estas páginas. Hablan desde sus propias realidades, las realidades de adolescentes que también son madres y padres. Comparten sus sueños y sus frustraciones, sus esperanzas y temores para y por sus hijos y ellos mismos.

La crianza no es el único tema que se presenta en estos capítulos. También se ofrecen sugerencias para satisfacer las necesidades propias. Una de las cosas más importantes que puedes hacer por tu criatura es crear una vida satisfactoria para ti y para el niño o la niña. Si tu vida anda bien, podrás ser mejor madre o padre. Atender a un párvulo activo puede dificultar el que puedas perseguir tus sueños. Por eso es aún más importante que hagas planes ahora para ir en busca de esas metas y esos sueños.

Durante el primer año del bebé, probablemente estuviste absorta en la atención del bebé. Atender a un bebé era una tarea consumidora. Tus necesidades personales a lo mejor recibieron poca atención. Pero al año del bebé, tal vez tengas consciencia de que tienes que vivir tu vida, aunque sigas atendiendo al bebé. Este libro proporciona una guía para atender a niños de uno a tres años. Cubre tópicos como desarrollo del bebé, nutrición, dormir, desarrollo del lenguaje y actividades para párvulos. Por todas partes, los comentarios de madres y padres jóvenes respaldan los conceptos que se presentan. Otros capítulos enfocan las propias necesidades de los padres adolescentes. Aunque todo el libro se dirige tanto a madres como padres, dos capítulos enfocan asuntos específicos de los padres. "El papá lleva la delantera si participa" aboga en favor de la cooperación de los dos progenitores en lo que se refiere a la crianza siempre que sea posible, ya sea que el padre y la madre cohabiten o no.

La madre y el padre adolescente podrían estar casados, o convivir en la misma residencia, o estar "juntos" pero residiendo separadamente, o uno de los dos puede estar ahora con otra pareja. "El reto de la relación de pareja" presenta estos distintos tipos de relación. Algunos padres jóvenes comparten lo aprendido de estas experiencias con sus parejas.

Un capítulo enfoca el impacto de la participación de los padres en pandillas ("gangas" o "maras"). Otro es para madres a quienes maltrataron sexualmente o de otra manera cuando niñas, y cómo proteger a su hijo o hija de maltrato infantil.

El capítulo final proporciona sugerencias para ti y tus planes para tu vida en el futuro. Se hace énfasis en la importancia de continuar los estudios, adquirir destrezas para empleo e independizarse.

Criar a un párvulo es tarea difícil para padres de cualquier edad. Si se combina esta tarea con las necesidades especiales de los adolescentes, se convierte en un reto gigante. Abrigo la esperanza de que este libro te ayude en la búsqueda de una vida satisfactoria para ti a la vez que crías a tu párvulo.

Jeanne Warren Lindsay                September, 2007

# Prólogo

Ojalá que hubiera habido una Jeanne Lindsay en mi vida en los últimos años de la década de 1940, cuando yo tuve a mis bebés. A pesar de que yo tenía grado universitario y estaba casada con un esposo amoroso y sustentador, me parecía que la maternidad era la ocupación más importante con la cual me había comprometido y aun así, para la cual estaba menos preparada que para ninguna otra. Bien hubiera podido yo aprovechar los consejos prácticos que Lindsay da a los padres jóvenes – tranquilizadores, desafiantes y entretenidos.

Lo ideal sería que la crianza se disfrutara y se entendiera. Pero esto no es fácil si el embarazo es accidental e indeseado. Pero el apego que por lo general empieza a tener una joven con el feto en desarrollo florece cuando un nuevo ser emerge de su alumbramiento.

Casi todos podemos enfrentar la etapa de bebé porque nos sentirnos necesitados. Un delicado bebé es dependiente y gradualmente responde a nuestras muestras de cariño — ¡qué satisfacción! Pero cuando ese bebecito se convierte en un activo párvulo con la curiosidad del explorador, la imaginación del artista y la rebeldía del adolescente, ¡cuidado! Entonces es cuando las madres y los padres tienen que armarse de comprensión tacto, desafío, paciencia y sí, aguante.

Si nosotros como madres y padres cultivamos estas características, encontraremos el júbilo de observar el despliegue de una personalidad como ninguna otra frente a nuestros propios ojos. Con ojos para ver y oídos para escuchar, tenemos el privilegio de ser parte de un mundo de interesantísimas personitas. Esto es aparente en el libro de Lindsay. Ya sea que esté presentando destrezas motoras o motrices, dar de comer, la hora de dormir, la seguridad, el juego activo o planes para el futuro, existe la alegría de la etapa actual de desarrollo lo mismo que la esperanza de una buena vida en el futuro.

Cuando yo era directora del Margaret Hudson Program en Tulsa, Oklahoma, me pareció que lo más encantador de los cientos de bebés a quienes atendíamos eran sus diferencias. Indudablemente había aspectos comunes en el desarrollo, pero también desde muy temprano, tenían personalidades distintas.

Estos bebés enriquecían a los padres, al personal y a ellos mismos al aprender a responder a su entorno. Nos sentíamos como alfareros, experimentando con terrones de arcilla humana. Por mi parte, le rezaba a Dios: "Señor, hazme alfarera merecedora de este precioso recipiente".

Las madres y los padres adolescentes a quienes se cita en este libro confrontan las realidades de la maternidad y paternidad. Es de desear que los mismos, y quienes les siguen, encuentren el apoyo en nuestra sociedad para obtener la guía y el estímulo necesarios para producir niños competentes y saludables. *El reto de los párvulos* es uno de esos recursos.

*(Reverenda) Lois H. Gatchell*
*Diácono, Diócesis Episcopal de Oklahoma*

# Reconocimientos

Mi agradecimiemto para Sally y Stewart McCullough, Diane Smallwood, Jean Brunelli, Jan Stanton, Pat Alviso y Pati Lindsay, quienes hicieron tiempo para leer y criticar *El reto de los párvulos*, y todos los que leyeron la primera edición. Sus comentarios fueron inestimables.

Tal vez lo más importante es la contribución de madres y padres adolescentes, los jóvenes a quienes entrevistamos, y cuya sensatez aparece por todo el libro. Los entrevistados y citados más recientes incluyen a Yadira Hernández, Grace Kong, Genavieve Macías, Alexis Hernández y Elizabeth Jiménez.

Otros citados e incluidos en ediciones anteriores y en ésta incluyen a Alysson Hall, Tim Whitehead, Andrea Gonzales, Carlos Smith, Antonee Williams, Brandi Hatch, Erika Madrid, Ernie Mejía, Gabriel García, Priscilla Correa, Harmony Tortorice, Isabel Franco, Jessica Marquez, Juan Zepeda, Katie Stonebarger, Katrina Amaya, Laura Lilio, Laura Morán, María Almarez Valtiérrez, Melisa Romero, Mira Montepío, Noel Mejía, Racheal Malonay, Robin Gardner,

Robin Stanley, Rosa Páez, Shamike Mills, Stephanie Whittaker, Stormi López, Tiffany Torres, Carlos García, Tina Mondragón, Verónica Bosquez, Yvette Aguirre y Yolanda Torres.

Además, Lissa Mosqueda, Albert Aguilar, Ángela y Chris Carena, Jessica Aguilar, Lorena Martínez Silva, Linda Solano, Karen Perlas Gagui, Jennifer Launchbury, Michelle Conway, Cynthia y Román Mendoza, Rebecca Reeves, Deanne Andringa Grachen, Karen Smith Lind, Terri Emerson, Alicia Ochoa, Julie Farah, Lupe Cordi, Michelle Bragdon, Angélica Ramos, Tammy Peace, Judy Chávez, Dolores Cruz Corrales, Ardell Hucko, Cynthia Mendoza, Lynetta Allen, Jo Ann Harris, Anita Smith, Michelle Johnson, Gabriel y Tammy Ayala y Larry Jaurequi. A otros a quienes se cita se les agradece en otros libros de la serie *Adolescentes como padres*.

El finado David Crawford, maestro en el Teen Parent Program, William Daylor High School, Sacramento, proporcionó la mayor parte de las fotos que ya habían aparecido en ediciones anteriores. Carole Blum fotografió a estudiantes en el Teen Parent Program, Tracy High School, Cerritos, CA., especialmente para esta edición. Unas cuantas fotos adicionales son de Cheryl Boeller y Bob Lindsay.

Tim Rinker es el artista de la portada y Steve Lindsay ayudó a diseñar el libro. Agradezco la contribución de estos talentosos individuos.

Eve Wright ayudó con la corrección de pruebas y mantuvo a Morning Glory Press sana y salva durante la producción del libro. Le agradezco su valioso apoyo.

Gracias, Bob, por ser sustentador y bondadoso sin importar cualquier otra cosa que esté sucediendo en nuestras vidas. Te quiero mucho.

*Jeanne Warren Lindsay*
*Buena Park, California*

*A las madres y padres jóvenes*
*que compartieron conmigo con toda sinceridad*
*y me enseñaron tanto*
*cuando trabajamos en conjunto.*

*Tu hijo es un reto estimulante.*

# 1

# Cumple un año — pronto va a correr

- Cambios tremendos en ambos

- Caminar aumenta la emoción

- Balbucea antes de hablar

- Imita a mamá y papá

- ¿Otro bebé tan pronto?

- De biberón o pecho a taza

- Tu párvulo resuelve problemas

*Brandt camina por todos lados. Ya no quiere gatear. Camina por toda la casa, desde hace tres semanas. Se trepa en todo, las sillas, la cama. Empuja la silla hasta el fregadero y se trepa y juega con el agua.*

*Tira los juguetes por todos lados y hace ruido. Empuja los carritos de juguete. No se está quieto un momento, ni siquiera cuando come. Tiene que estar de pie y darse vueltas.*

Sheleen, 15 – Brandt, 1

*A Heidi le encanta ir al parque. Se da cuenta de todo insecto pequeñito en el suelo, de las hormiguitas. Pone la cara cerca de ellos,*

*hace ruiditos y me los muestra. Tiene un juguete
cazainsectos.*
   *Cuando le meto un insecto en él, lo saca y lo ob-
serva. Después de eso yo suelto el insecto. La llevo a
dar un paseíto todas las tardes. Le enseño cosas por el
camino.*
   *Cada vez que pasamos nos detenemos a observar
dos perros y unos periquitos al otro lado de una cerca,
en esta misma calle. Una vez el dueño nos mostró sus
pájaros. Ella se puso emocionadísima.*

Jenny, 18 – Heidi, 13 meses

## Cambios tremendos en ambos

   *Ahora Alice se baja de las camas y está aprendiendo
a subirse en ellas. Le compré una patinetita de juguete
cuando tenía un año. En un mes aprendió a montarse y
a bajarse. También se trepa en la patineta para que no
se vaya a ninguna parte.*
   *Se quita los calcetines y los zapatos. Se pone la
camisa. Le gusta jugar a las hurtadillas con la camisa.
Si yo me estoy poniendo una camisa, ella agarra cualquier cosa, como un camisón, y mete la cabeza por la
abertura. Entonces se ríe.*

Melanie, 15 – Alice, 13 meses

Cuando el niño cumple un año te van a sorprender los
cambios que observas en ambos. Tu bebé se ha convertido de
recién nacido indefenso en ese torbellino que se mueve de un
lado a otro y ya camina o lo hará dentro de poco. Aun más
maravilloso que este desarrollo físico son los tremendos saltos
en su conocimiento. Todos los días aprende muchas cosas
nuevas y con tu guía progresará rápidamente en lo que es
vivir, aprender y querer.
   Aprende a caminar, lo que le da un maravilloso sentido de
independencia. Puede montar sencillos juguetes con ruedas.
Ha descubierto que si trepa puede encontrar aun más lugares
para explorar. Fácilmente se puede meter en graves problemas

si nadie la observa.

*Chandler se trepa en la silla mecedora y la mesita esquinera. Se sube al sofá y de allí gatea hasta la ventana.*

*Se trepa en una silla con travesaños hasta que le cae encima, pero está bien cuando le quito la silla de encima.*

*Se sienta en la patineta de mi hermanita y sabe hacerla andar.*

*Recientemente empezó a pegar. Yo le digo que eso duele y lo detengo.*

Gretchen, 17 – Chandler, 13 meses

A tu niño de un año le interesan ahora juguetes como cajetas de distintas formas, bloques y pelotas. Disfruta más de todo eso si hay alguien cerca que lo observe o juegue con él. Le gustan los creyones o las pinturas cuando le permiten usarlos.

Ahora empieza a hablar. Está aprendiendo a decir lo que quiere por medio de palabras y gestos. Puede seguir instrucciones sencillas. Pero toda comprensión de lo correcto e incorrecto, la habilidad de formarse juicios sencillos sobre el comportamiento, no empezarán a aparecer sino hasta casi los dos años. Aun entonces, muchas veces no sabrá ni entendera qué debe y qué no debe hacer.

Tú también probablemente has cambiado muchísimo durante este primer año del bebé. ¿Te sientes sólo un par de años mayor que AE (antes del embarazo)? ¿O estás convencida de que has crecido –y madurado— mucho más rápido de lo que indica tu cumpleaños? Si crees que has madurado más de lo que dicen tus años, probablemente tienes razón. Las responsabilidades de la crianza para la madre y el padre son asombrosas.

*Lo más difícil para mí fue el cambio cuando nació Cassandra. Ya no podía ser yo misma. No podía*

*quedarme joven e irresponsable. Fue difícil cuando
nos mudamos, cuando ella tenía 14 meses. Mi mamá
siempre estaba allí haciendo algo para mí y Cassandra
estaba en la guardería cuando yo estaba en la escuela.
En realidad, no tuve la oportunidad de ver cómo
era el asunto hasta que nos mudamos. El papá de ella
me ayudó, pero atender a Cassi es aún responsabilidad
mía. Es también asombroso cómo ha aumentado mi
amor hacia ella desde que la estoy criando sola.*

Kris, 17 – Cassandra, 25 meses

Tal vez el mayor cambio que va a haber con tu hija esos
años de párvula es su individualidad e independencia. Cuando
era bebecita, por lo general te tocaba a ti decidir qué era lo
mejor para ella. Ahora ella va a insistir más y más en tomar
sus propias decisiones.

## Caminar aumenta la emoción

*Cuando Laramie se sostiene de algo, camina una
distancia corta. Lo puede hacer, pero todavía tiene un
poquito de miedo.*

Lynnsey, 19 – Laramie, 1; Kalani, 2

Una vez que el bebé empieza a caminar, se le considera
párvulo. Poder caminar añade mucha emoción a su vida.
Puede explorar ahora mucho más que cuando gateaba, fuese
como fuese la rapidez con que anduviera por la casa. Ahora se
puede mover más rápido, alcanzar más alto y disfrutar de la
vida aún más.

*Heidi empezó a caminar a los 10 meses pero ya
daba pasos a los 8. Le dices que venga aquí y se da
vuelta y se va en dirección opuesta. Es magnífica para
ignorarte. Si es que está entrando a la etapa negativa,
¡se está volviendo muy capaz!*

Jenny

Empezar a caminar a los diez meses es inusual. Casi todos los niños empiezan a hacerlo entre los 12 y 14 meses y algunos, esperan un poco más antes de dar los primeros pasos. Si te preocupa que tu hijo de 17 meses todavía no camina, consulta con el médico.

Por cierto que uno de mis hijos no caminaba a los 17 meses y lo llevé al médico para un reconocimiento. Eric estaba de pie, agarrado de mí, cuando el médico dijo: "Bueno, Eric, ¿todavía no caminas?"

Para sorpresa mía, ¡Eric caminó los pocos pasos que había entre él y el médico! Eric tenía tres hermanos mayores que lo llevaban de un lado a otro y, aparentemente, no había sentido la necesidad de caminar hasta ese momento.

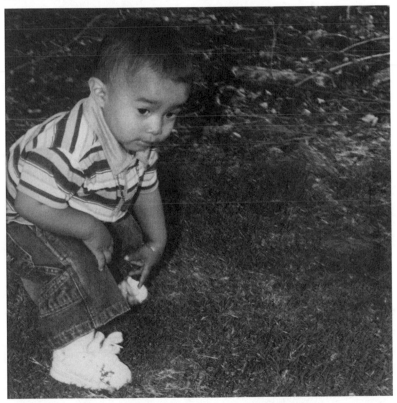

*Caminar significa que puede explorar aun más. ¡Qué emocionante!*

Como preparación para caminar, tu niño probablemente va a hacer pininos o pinitos de un mueble a otro, a lo mejor durante varias semanas, antes de empezar a caminar solito. Cuando por fin camine, su equilibrio y coordinación no van a estar bien desarrollados. Va a estirar los brazos a los lados y a caminar con las piernas algo separadas. Al principio se inclinará un poquito hacia adelante y dará pasitos cortos. Pronto su ritmo va a mejorar. A veces durante esta etapa podrá agacharse, recoger algo y llevarlo consigo. Es de notar que se siente orgulloso de esa nueva habilidad.

Dentro de poco va a tirar de un juguete o empujarlo. Éste es el momento para la tostadora de maíz u otro juguete de tirar o empujar. Prefiere principalmente un juguete que haga ruido cuando tira de él o lo empuja.

No necesita zapatos hasta que empiece a caminar fuera de casa. De hecho, caminar descalzo le sirve para fortalecer los pies y los metatarsos.

Si el piso de tu casa es un poquito resbaloso, no le permitas caminar en calcetines. No quieres que se caiga – no sólo porque se puede hacer daño, sino también porque si se cae muchas veces se le pueden quitar las ganas de tratar de caminar. Caminar con los pies descalzos le da más seguridad. Las calcetas-chancletas con suela que no resbala también son buenas.

Cuando le compres zapatos, ten cuidado de que le calcen bien, se vean cómodos y no sean demasiado grandes. Debe haber como media pulgada de espacio entre el dedo grande del pie y la punta del zapato. Tendrás que reemplazarle los zapatos a menudo porque los pies le crecen muy rápidamente. Siempre y cuando le calcen bien, puedes comprar los zapatos más baratos que encuentres. Las zapatillas están bien.

La madre de gemelos tiene un reto mayor cuando empiezan a gatear, luego a caminar y después a correr:

*Cuando empezaron a gatear casi me volví loca*
*porque no estaba acostumbrada a que anduvieran por*

*todas partes. Buscaba a una y la otra corría a otro*
*lado. Desaparecía debajo de las mesas.*
*Después empezaron a caminar ¡y la cosa fue peor!*
*Al princip̃o se paraban, agarradas de todo, tratando*
*de alcanzarlo todo. Cuando empezaron a caminar, y*
*después a correr, fue asunto de toda la casa. Cuando*
*vamos a las tiendas, corren por aquí y por allá. Me*
*gustaría tener dos correas de mascotas.*

Edie, 17 – Dora y Laura, 26 meses

A ciertos padres no les gusta usar correas para su niño.
Dicen que las correas son para cachorros. Pero una correa
puede ser más cómoda para un niño que estar pegado de la
mano de mamá. Prueba a mantener el brazo alzado, como lo
debe tener un niño cuando toma tu mano. No es una posición
muy cómoda que digamos. Pero sabes que no lo puedes dejar
correr a sus anchas en las tiendas, estacionamientos, cruce de
calles, etc. Realmente, una correa le da más libertad que estar
asido de tu mano.

## Balbucea antes de hablar

*Marty balbucea allí sentado. El sonido es como de*
*que supiera lo que está diciendo, pero yo no le entiendo*
*nada.*

Yumiko, 16 – Marty, 21 meses

Hablar significa balbucear en esta etapa. Tal vez va a pronunciar sus primeras palabras alrededor de su primer cumpleaños. Todavía se comunicará mayormente por medio de
gestos durante un tiempo. Como tiene ganas de aprender más
palabras, juega el juego de las etiquetas o rótulos con él. Señala un objeto y di el nombre, luego espera para que él repita
el nombre. "Mesa". "Silla". "Gatito". Posiblemente trate de
decir la palabra después que tú la dices.

Si la palabra que pronuncia suena distinta a la tuya, no lo
corrijas. Corregir el lenguaje de un párvulo no sirve de nada.

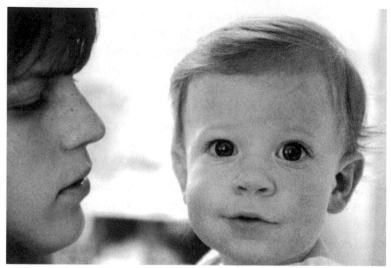

*Está aprendiendo a hablar, pero primero balbucea.*

Hacerlo le va a quitar las ganas o lo va a aburrir. Al empezar a ensartar palabras, la gramática empleada también va a ser diferente. Tampoco lo corrijas por eso. Usa tú el habla apropiada y él pronto aprenderá con tu ejemplo. Lo cierto es que no va a hablar "bien" sencillamente porque tú le dices que lo haga.

¿Va a ser bilingüe tu criatura? Si en tu casa se hablan dos idiomas, a lo mejor vas a querer que aprenda los dos. Hay quienes sugieren que el padre o la madre (o cuidador/a) le hable en un idioma y el otro o la otra le hable en el segundo idioma. Consideran que de esta manera la criatura podrá separar los dos idiomas más fácilmente.

> *Mi mamá le habla mucho a Kamie en español. Yo estoy muy demorada en eso, pero sí quiero que sea bilingüe.*
>
> Lucas, 21 – Kamie, 21 meses

> *Por lo general, le hablo a Vincent en español porque sé que de todos modos aprenderá inglés. En la guardería hablan inglés, pero todos en mi familia le hablan*

*en español.*
*Vincent no hablaba mucho a los 2 años. Lo puse*
*en un programa especial en la guardería y ahora le*
*va muy bien. Ahora habla mucho más, en inglés y en*
*español.*

Mariaeliza, 17 – Vincent, 3

Si un niño está aprendiendo dos idiomas, su destreza en el
lenguaje podría desarrollarse un poquito más lentamente que
la de un niño que aprende sólo uno. Pero para cuando entra al
kindergarten o jardín de infancia, debe estar hablando bien los
dos idiomas. Si puedes lograr que tu hijo sea bilingüe, le das
un don muy valioso.

## Imita a mamá y papá

*Luciann mete la llave en la puerta y trata de abrirla.*
*Toma la llave del carro y sabe abrirlo y hasta*
*trancarlo.*

Liliana, 17 – Luciann, 22 meses

A la niña le gusta imitarte. A lo mejor te da a comer parte
de su comida y si tú te la comes, va a sonreír de oreja a oreja.
Probablemente le gusta que tú la imites. Tú puedes imitar los
movimientos y juegos de ella. Se va a deleitar.

Imitarte es una de sus mejores técnicas de aprendizaje. Si
haces una pila con un bloque sobre otro, ella a lo mejor hace
lo mismo. Si demuestras cómo se bebe de una taza, a lo mejor
aprende más rápidamente. Por supuesto que su habla depende
en gran medida de tu ejemplo.

A tu niña le puede dar gusto farolear. Su sentido del humor
se puede estar desarrollando bien:

*Alice me hace muecas, olfatea, se ríe. Si hace algo*
*para que la gente se ría, ella, sonríe con una sonrisa*
*enorme. Muchas veces, cuando hace algo que nos*
*gusta, aplaudimos. Entonces ella misma se aplaude.*

Melanie

Darle a saber que a uno le gusta lo que ella hace es la mejor manera de ayudarle a desarrollar una buena autoestima. Esto no será difícil porque seguramente vas a emocionarte con todos sus logros.

*Yo la alabo para que se sienta bien. Tienes que hacerla sentir bien para que se porte bien. A mí no me criaron así. Mi infancia fue dura. Mi mamá era joven y no estaba cerca. Me dejó con mis abuelos y mi abuelo me decía: "Ay, eres muy estúpido".*

*Miguel, 20 – Genny, 18 meses*

Por supuesto que tú jamás le hablarás a tu criatura como el abuelo le hablaba a Miguel. Además, harás todo lo posible para que nadie la humille.

Podría ser que sea reservada con desconocidos, y hasta con personas conocidas. No le gusta que alguien a quien no conoce muy bien la tome en brazos inmediatamente. Ella es quien es y no quiere que los adultos la agarren.

*Alice es agradable con casi todo el mundo a no ser que la quieran tomar en brazos enseguida. Cuando se familiariza con la gente, lo permite.*

Melanie

## ¿Otro bebé tan pronto?

Ciertas madres adolescentes tienen un segundo bebé poco después del primer cumpleaños del primero. La vida puede ser muy complicada en un caso así tanto para la madre como para el párvulo.

*Cuando nació Laramie, Kalani quería el biberón aunque ya lo había dejado un mes antes. Tenía muchos celos. Trataba de ayudarme, quería cargarlo. Claro que como se le podía caer, yo tenía que estar detrás de ella.*

*Empezaba a acariciarle la cara, pero entonces le pegaba. Ella misma era bebé todavía.*

Lynnsey

*Está tratando de explicárselo.*

Lynnsey vive con su mamá y una hermana. Cuando ellas están en casa, le ayudan un poco. Pero por lo general están en otra parte durante el día. Éstos son sus comentarios:

*Cuando ni mi mamá ni mi hermana está en casa y nadie me ayuda con los chiquillos, la cosa es dura. A veces me agoto mucho. Para tomar una ducha, por ejemplo, tengo que esperar hasta que ambos estén dormidos o hasta que mi mamá o mi hermana los vigilen.*

Las emociones de una criatura se ven a flor de piel. Si hay ya un nuevo bebé, probablemente va a sentir tanto celos como afecto hacia el hermanito o la hermanita:

*Cuando nació Sylvia, Crystal no la quería mucho
y le pegaba. Yo le permití ayudar con la bebé y no la
hacía sentir como que la dejaba a un lado. Le expliqué
que Sylvia también era de ella.
Ahora, si alguien hace llorar a Sylvia, Crystal la
protege. Cuando el primito le pega a Sylvia, Crystal le
pega a él.*

Carrie, 18 – Crystal, 31 meses; Sylvia, 14 meses

Si tienes dos bebés menores de 18 meses, tienes que saber
que el asunto es duro. Es de esperar que tengas ayuda, aunque
sea parte del día.

## De biberón o pecho a taza

Si aún no has empezado a estimular a tu niño o niña a que
beba leche, jugo y agua de una taza, es hora de hacerlo. Los
niños por lo general pueden empezar a aprender a beber de
una taza como a los nueve meses, a veces hasta antes.

Desmamar a tu niño de su biberón, mamila o mamadera, o
del pecho, probablemente será más fácil si ha tenido suficiente
tiempo para aprender a beber de una taza. Beber de una taza
es muy distinto de chupar líquido de un biberón.

La leche le entra a la boca más rápidamente de una taza y
le llega al frente de la boca en vez del fondo. No podrá chupar
y tendrá que aprender a mantener el labio inferior pegado a la
taza. Si no, la leche le goteará por la barbilla.

A muchos niños les gusta beber de una taza con boquilla.
Pueden chupar todavía un poquito y la boquilla es más parecida al pezón que el borde de la taza. Pasar a una taza más
adelante no va a presentar gran dificultad. Además, tendrás
menos líquido derramado que limpiar si usa taza con boquilla.

Para ciertos niños, dejar el biberón/la mamadera/la mamila
es difícil. Hay quienes consideran que es más fácil para el
niño (y la mamá y el papá) que pase a beber de la taza poco
después de cumplir un año. Según ellos, si toma el biberón
hasta los dos años, por ejemplo, no va a querer cambiar – es

casi como si fuera una adicción.

Por otro lado, puede ser que ciertos niños necesiten chupar más que otros. Se chupan el dedo o chupan un consuelo/chupete/mamón para su satisfacción. Tu niña lo necesitará menos al acercarse al segundo cumpleaños. Tú puedes juzgar mejor que nadie cuándo está listo o lista tu criatura para dejar el biberón/la mamila/la mamadera.

*Yo siempre lo cargaba de chiquitito cuando le daba la mamila. Pensaba que si yo estuviera tan chiquita y me viera esa enorme mamila en la boca, sin nadie por ahí cerca, nadie que me pusiera atención, yo sé cómo me sentiría. Por eso es que lo tenía en brazos y le hablabla mientras tomaba la mamila.*

Charity, 17 – Casey, 18 meses

Al darle a tu bebé una mamadera con leche, colócala en tu regazo mientras se la toma. Una niña menor de dos años te hará saber cuándo está lista para dejar la mamadera. Va a tomar un poquito, mirará a otro lado o se pondrá a jugar. En ese momento tienen que pasar dos cosas:

Tiene que obtener suficiente leche – o suficiente calcio de otra fuente, como yogur o requesón ("cottage cheese" en inglés).

Tú tienes que sentirte cómoda con el anuncio de que ya ella no necesita la experiencia de chupar.

Si tu niña tiene hambre a la hora de dormir, dale un refrigerio ligero o un biberón antes de acostarse. Después, cepíllale los dientes. Si aún necesita chupar algo, dale un biberón con agua o un consuelo/chupete/mamón. Cualquiera de las dos cosas satisfará su urgencia de chupar.

No hay nada malo en que se acueste con un biberón lleno de agua. Está bien. Es algo reconfortante y a todos nos gusta sentirnos bien cuando nos acostamos. Lo que sí no es bueno, a cualquier edad, es darle leche en el biberón.

Si tu niño se duerme con el biberón lleno de leche en la boca, el azúcar de la leche muy probablemente le va a causar caries, picaduras o cavidades dentales — el síndrome de biberón. Si tu párvulo quiere el biberón a la hora de dormir, dáselo con agua.

*Alice duerme dos o tres siestecitas durante el día. Está apegada a su mamadera. Por la noche tiene que acostarse con ella, pero no le importa lo que tiene adentro. Le damos agua por la noche.*

*Si le doy la leche en una taza y agua en la mamadera, a lo mejor dejará de pedir la mamadera tantas veces.*

Melanie

## Tu párvulo resuelve problemas

*Todd anda muy atareado. Me pregunto de dónde saca tanta energía. Le pongo unas galletitas en una vasija junto a otra vasija [vacía]. Pasa las galletas de una vasija a otra. Puedes ver cómo le funciona la mente – trata de poner la mitad en una vasija y la otra mitad en la otra.*

*Es increíble todo lo que sabe. Supongo que sabe más de lo que le acredito.*

Jill, 18 – Todd, 16 meses

Como bien dice Jill, casi que puedes verle la mente en desarrollo. Está aprendiendo más rápidamente que en ningún otro momento en su vida. Su mundo se ensancha constantemente y está tratando de ir al paso.

Por ejemplo, Tatiana tantea para treparse en los muebles:

*Nosotros tenemos muebles altos, sofás altos y sillas altas. Tatiana trata de gatear a ellos. Si no puede [subirse], busca su sillita y la usa para pararse en ella y así subirse al sofá. Le gusta sentarse en los muebles grandes, como nosotros.*

*Ayer estaba usando su sillita para subirse al gabi-*

*nete pero yo le dije que no. Me parece que eso es*
*demasiado peligroso.*

Mihaela, 16 – Tatiana, 18 meses

Aprender por tanteo es una gran técnica para ampliar el conocimiento. A lo mejor te convendría investigar la capacidad de tu niña para resolver un problema por medio de tanteo. Tal vez trata de andar en su carrito entre dos muebles. Se da cuenta de que no puede pasar y entonces se escurre alrededor de los muebles. Ése es el método de tanteo. Algo no funcionó, así que hizo la prueba de otro modo.

Si la observas atentamente, seguramente vas a notar muchos ejemplos de cómo usa el tanteo. Eso es una parte maravillosa del aprendizaje.

Como ya bien sabes, tu amor y tu guía proporcionan la base para el futuro de tu niño o niña. Enfrentas un reto emocionante.

*Se siente orgullosa de sus nuevas habilidades.*

# 2

# Lucha
# per su independencia

- Los párvulos, como los adolescentes, luchan por su independencia
- Cuando tu niño pide ayuda
- Los "terribles dos años"
- Sus destrezas o habilidades aumentan rápidamente
- Hacer frente a los temores
- No apresures el uso del inodoro
- Grandes tareas para madres y padres
- La etapa más importante de la vida

*Jenae se mete en todo. Hoy trató de saltar de la cuna.*

*Le encanta cantar. Su papi está en una banda y a ella le gusta tocar los tambores. Cuando le pregunto, "¿Qué CD quieres?", me contesta, "Baila, baila" y yo se lo pongo.*

*Corre de un lado para otro, aprendiendo cosas nuevas, mucho en inglés y español. Se pone los zapatos ella solita.*

Clancy Jane, 17 – Jenae, 23 meses

*Kamie dice "NO". Ésa fue una de las primeras palabras que dijo. Es muy locuaz.*

*Se pone los pantalones y los calcetines solita. Sabe abrir las*

*puertas, prender la TV, cambiar el canal.*
*Siempre está alerta, con ganas de hacer cosas nue-*
*vas, creo que tal vez porque le ponemos mucha aten-*
*ción. Cuando hace algo [bien], la aplaudimos.*
*A veces pienso, ¿cómo sería ella si yo no estuviese*
*aquí?*

Lucas, 21 – Kamie, 21 meses

La etapa de las andanzas en la vida de un niño es una de las
más difíciles para los padres – y para él mismo. Está tratando
de dejar de ser un bebé dependiente. Hasta el momento, ha
tenido que depender de otros para casi todo. Ahora quiere ser
persona independiente que toma sus propias decisiones y esta
bastante seguro de sí mismo. Para desarrollarse debidamente,
necesita dar este paso, sea como sea de difícil para quienes lo
rodean.

*Con los bebecitos está bien, pero con los párvulos,*
*tienes que saber más o menos lo que haces. Y tienes que*
*tomar las cosas día por día.*

Roseanna, 14 – Felipe, 2

Los párvulos, como los adolescentes, luchan por su independencia
    La "etapa negativa" de los párvulos se ha comparado al
inicio de la pubertad. En este momento, como debes recordar,
los jóvenes luchan por hacerse adultos que toman sus propias
decisiones. La adolescente ya no quiere que sus padres le
"controlen la vida".
    En muchas familias hay mucha fricción en esta época por
el deseo de los padres de mantener el control en la vida de su
adolescente mientras que ésta insiste en hacerse cargo de ese
control. A menudo es un momento difícil para todos.
    Tu nena probablemente se siente de la misma manera. No,
no quiere el auto de la familia para esta noche, pero sí quiere
sentirse en control de lo que quiere comer, la ropa que llevar,

cuándo y si usar el inodoro, así como cuánto tiempo jugar al aire libre. Darle la oportunidad de que tome algunas de esas decisiones puede facilitarle que cumpla con tus deseos cuando no le puedes permitir que escoja.

*Henry es muy travieso. No es que descomponga ni rompa las cosas, sino que le gusta trepar, se mete en todo. Tengo que vigilarlo constantemente cuando estoy haciendo mis quehaceres. Las cosas se ponen agitadas. Cada vez que le digo que haga algo, dice "no". A veces lo meto en la recámara y cierro la puerta. Él golpea la puerta y llora y eso me crispa los nervios. Cuando me pongo molesta de verdad, dejo que Marvin se encargue de él y yo me voy de la casa.*

Olivia, 21 – Henry, 23 meses

Los adolescentes y sus padres llevan la delantera si cada uno cede un poquito. Tal vez no pueden darle el auto cuando lo quiere, pero sí puede usarlo para hacer mandados y una que otra tarde, un paseíto con las amigas. A lo mejor no puede quedarse en la calle tan tarde como quisiera, pero tal vez ella y sus padres pueden llegar a un acuerdo razonable.

Las consecuencias de tratar a los adolescentes o muy estricta o muy liberalmente pueden ser graves. Aun necesitan el apoyo de los padres, pero también tienen la necesidad de poder responsabilizarse por sus propias acciones. Los adolescentes que pierden el autocontrol o que nunca han aprendido a controlar su vida pueden encontrarse en dificultades serias. No sólo pueden tener problemas con otras personas, sino también con la ley.

Los padres y los párvulos, igualmente, tienen que ajustarse a los deseos de unos y otros. Tu nena tal vez necesita sentir que tiene cierto control sobre su vida, lo mismo que tú. Una gran diferencia entre la lucha de una adolescente por su independencia y la de una parvulilla es que ésta no puede todavía expresarse bien con palabras. ¿Cómo te sentirías frente a las dificultades de la adolescencia sin poder hablar bien? Probablemente te sentirías sumamente frustrada.

Las concesiones y el respeto son ingredientes mágicos para minimizar las frustraciones de la vida con un párvulo. La sensibilidad para con las necesidades del niño en cuanto al control de ciertos aspectos de su vida servirá para entender mejor el comportamiento de la criatura.

## Cuando tu niño pide ayuda

A medida que tu niña se independiza más, se va a molestar si no puede hacer lo que quiere. Pero su lenguaje no se ha desarrollado lo suficiente para decirte lo que siente y explicar lo que quiere. Así, se frustra y no puede explicar lo que anda mal porque desconoce las palabras. El resultado puede ser una pataleta o rabieta.

Responder cuando pide ayuda es la mejor manera de disminuir la cantidad de pataletas:

• *Cuando quiere tu presencia, acércate para ver qué quiere.*
• *Proporciona la ayuda que necesita de ser posible.*
• *Habla sobre el asunto brevemente y a su nivel.*
• *Una vez que hayas ayudado o confortado o conversado con tu niña, el siguiente paso es dejarla sola.*

Por tu sensibilidad a sus necesidades, tu niña aprende mucho de un intercambio como el siguiente:

• *Aprende a usar a otra persona (tú) como recurso cuando no puede manejar la situación por sí misma.*
• *Se da cuenta de que alguien considera que su incomodidad, su agitación o su problema es importante, lo que significa que ella es importante.*
• *Sus destrezas lingüísticas también se incrementan cada vez que sucede esto.*

Sugerencias adicionales para ayudar a un niño a bregar con una pataleta o rabieta, se dan en *La disciplina hasta los tres años* por Lindsay y McCullough.

# Los "terribles dos años"

*Kaylie está en la etapa del "NO". Me imagino que a
esta edad va a decir "no" a todo lo que yo le diga, sea
lo que sea. Ahora mismo, anda de un lado para otro,
gritando y chillando, divirtiéndose.*

Samantha, 16 – Kaylie, 20 meses

A menudo la gente habla de los "terribles dos años" como
si el comportamiento negativo extremo apareciera de repente
cuando un niño cumple dos años. Lo cierto es que para algunos niños, esta actitud negativa puede empezar a los 13 ó 14
meses.

Por lo menos para los 17 meses, tu niño probablemente
entrará a esta fase difícil. Con frecuencia querrá hacer lo suyo,
de todos modos. Ya no puedes distraerlo con una sustitución
para la actividad prohibida. Si ve que desapruebas lo que está
haciendo, puede ser que se aferre a seguir haciéndolo. Muchas
veces será todo un sufrimiento vivir con él.

Dos ideas te pueden dar consuelo. En primer lugar, esto
sucede con casi todo niño. Sus acciones negativas de ninguna manera indican que eres mala madre o mal padre o una
persona terrible, ni tampoco que el niño es un malcriado. En
segundo lugar, ese comportamiento negativo extremo probablemente desaparecerá, o por lo menos será menos intenso,
dentro de unos cuantos meses. Tal vez para su segundo cumpleaños vas a ver que convivir con él es un poquito más fácil.

Para muchos de nosotros, el independizarnos es una verdadera lucha desde el nacimiento hasta la edad adulta. Cuando
tu párvulo parece súper difícil, recuerda que ser párvulo es
aún más difícil que atender a uno. Tu párvulo necesita todo el
apoyo y el respeto que tú puedas ofrecerle.

*Si Marty no sabe cómo armar algo, pide ayuda. Si
quiere leer un libro, me lo trae. Tira de las piernas de
su muñeco plástico y me las trae. Es bastante independiente. A veces, cuando me le acerco y trato de*

*ayudarle, da la impresión de decirme: "Mami, yo lo*
*puedo hacer, déjame tranquilo".*

Yumiko, 16 – Marty, 21 meses

Todavía tienes que ser estricta con las cosas que importan,
pero dale alternativas cuando sea posible. No le digas "ven a
comer en este instante". Lo que puedes hacer es decirle, unos
minutos antes de que el almuerzo esté listo: "¿quieres lavarte
las manos antes de comer, o quieres que te ayude?" A la hora
de acostarse, podrías decirle: "¿qué libro quieres que te lea
esta noche?" Durante esta etapa negativa, nunca le digas:
"¿quieres tu almuerzo?" o "¿quieres acostarte?" a no ser que
puedas aceptar "no" como respuesta.

Evita demostrar tu dominio cuando sea posible. No le
ordenes hacer algo a no ser que sea realmente necesario. Si es
necesario, entonces, claro, tienes que insistir en que cumpla
con tus deseos.

Las rutinas y un horario regular, no sólo para acostase
sino también para comer, sestear, bañarse y vestirse, pueden
servir. Permítele hacerlo solo lo más posible. A veces, insistirá
en hacer algo solo cuando tú sabes que es imposible que lo
logre. Puede ser que se frustre terriblemente, pero ni aún así,
no te permitirá que le ayudes. Necesitas más tacto para lidiar
con un párvulo que con el esposo (o la esposa) o el/la jefe
más temperamental del mundo. Recuerda que tener tacto es
sencillamente tener sensibilidad hacia los sentimientos de otra
persona.

¿Cuánto puedes ayudarle a tu niño? Aún tiene que seguir
considerándote su recurso para ayudar cuando lo necesita.
A veces un niño de esta edad parece no querer descubrir las
cosas por sí mismo. Si siempre quiere que mamá le ayude a
armar un rompecabezas, o es porque es demasiado difícil para
él o no está aprendiendo a ser lo independiente que debe ser.

Usa el sentido común. Ayúdale cuando consideras que te
necesita – si él lo quiere o te lo permite. Guíalo para que se
independice más cuando creas que es recomendable.

## Sus destrezas o habilidades aumentan rápidamente

Para su segundo cumpleaños, tu niña tal vez pueda pedalear un triciclo pequeño. Si ha practicado, puede bajar las escaleras sola, pero aún necesita agarrarse del pasamanos. La casi "dosañera" tal vez puede correr más que caminar. Puede caminar en muros bajos si le agarras una mano. A lo mejor hasta puede dar unos cuantos pasos en puntillas si se lo demuestras.

Para esta edad, se puede quitar la ropa, y hasta volvérsela a poner casi toda. Puede ser de utilidad si le consigues ropa fácil de poner.

De hecho, cuando vayas de compras para ella y te guste algún artículo, piensa en si es fácil para que ella misma se vista. La ropa fácil de poner puede evitar mucha frustración tanto para ella como para ti. Si eliges ropa con botones grandes o cremalleras y zapatos con cierres de Velcro, se le facilitará la tarea. Las mangas anchas con sisas amplias y cuellos anchos en una pieza de ropa también son recomendables.

## Hacer frente a los temores

Si a tu niña le da miedo el ruido de los trenes y camiones, la cadena del inodoro, las sirenas de la policía o la aspiradora eléctrica, ten paciencia con ella.

Tal vez tenga otros temores. Sean los que sean, para ella son reales. Decirle "no hay que tener miedo" no va a mejorar las cosas. Acepta los temores como los sentimientos verdaderos que son.

Ayúdale con delicadeza a hacerles frente. Por ejemplo, si tiene miedo de la oscuridad, proporciónale una lucecita nocturna. Si teme a la tormenta, mantenla cerca de ti hasta que pase. Si tú no tienes miedo, con el tiempo probablemente ella va a seguir tu ejemplo.

## No apresures el uso del inodoro

*Parece como que quiere ir al baño solita. Me dice,*
*"mamá, pipí".*

Clancy Jane

La enseñanza del uso del inodoro no es apropiada para casi todos los niños menores de dos años. Ni el cerebro ni el cuerpo se ha desarrollado bien todavía. Sencillamente, no están listos. Todos los esfuerzos en ese sentido demasiado temprano no van a dar otro resultado que frustración para padres e hijo/a.

Ver *La disciplina hasta los tres años* para una discusión sobre el tema de la enseñanza para usar el inodoro.

## Grandes tareas para madres y padres

Como madre (o padre) de una criatura que apenas está aprendiendo a movilizarse, tienes entre manos tres grandes tareas. Lo primero, tienes que preparar el mundo de tu hija de modo que pueda satisfacer su curiosidad sin hacerse daño ni hacer daño a tu casa. Si has puesto la casa o el apartamento y el patio a prueba de niños, harás un favor tanto para la criatura como para ti.

La segunda tarea es reaccionar cuando tu niña te quiere cerca. Puede ser que quiera tu ayuda porque está frustrada con algo que no puede hacer. Tal vez ha sufrido una leve lesión y necesita que la consueles. O puede estar contentísima y querer compartir su júbilo contigo. Tu ayuda, consuelo y entusiasmo son importantes para ella.

Es crucial para el aprendizaje que respondas rápidamente a sus necesidades e intereses. Si estás hablando por teléfono, es mejor decir: "estoy hablando por teléfono; te atiendo en un minuto", que ignorarla. Por supuesto que tienes que atenderla "en un minuto".

Tu tercera gran responsabilidad es desempeñar tu papel de autoridad. A menudo, es necesario tener firmeza. No digas "no" constantemente, o vas a acabar con algo de la curiosidad del niño. Cuando digas "no", cúmplelo.

Si dices "no" y luego te ríes porque la niña se ve muy graciosa sentada en medio de la mesa del comedor jugando con el azucarero, ¿lo tomará en serio? Si le dices "no", bájala de la mesa y pon el azucarero en otra parte.

Lo importante es que cumpla con tus pedidos. A esta edad, esto generalmente requiere alejar a la niña de la situación o distraerla. Lo ideal es que no digas "no" una segunda vez porque ya te has deshecho del problema.

## La etapa más importante de la vida

*Marty lo explora todo. Abre las puertas, los estantes, las gavetas, saca toda la ropa. Yo voy y recojo todo y hago que me ayude. No es que sea tan drástico que un chiquillo saque toda su ropa de la gaveta. Cuando crezca lo suficiente, la va a doblar él mismo. Ahora, ayuda... ahora me da las piezas.*

Yumiko

Ayudar a que tu párvulo se desarrolle bien es tal vez el mayor reto que jamás vas a enfrentar. Cómo se desarrolla social e intelectualmente ahora es la base de su desarrollo futuro en estas áreas. El desarrollo de su lenguaje y su curiosidad durante este tiempo son cosas de vital imporancia.

Aunque la crianza durante esta etapa presenta muchos momentos difíciles, también vas a encontrarte con mucho que disfrutar en un párvulo bien desarrollado. Te vas a dar cuenta de que ya no vives con un bebé sino con una interesante personita.

*¡Disfruta a tu hijo o hija!*

*La diversión es doble con gemelos.*

# 3

# Juego activo — el trabajo de un párvulo

- Juega con tu niño
- El juego activo es valioso
- ¡A jugar pelota!
- Se necesita espacio y tiempo para jugar
- Juega con él a menudo
- Clasificación de objetos
- Planes para jugar bajo techo
- Juguetes hechos en casa

*Cuando juego con él y estoy contenta, él también está contento.*
Willadean, 17 – Rashad, 21 meses

*Lo que me gusta de ella es que es divertida. Es muy juguetona con casi todo el mundo. Juegas con ella un poquitito y te sonríe mucho. Siempre tiene una sonrisa en los labios. La gente dice que se parece a mí.*

*Me gusta llevarla conmigo al parque cuando voy a jugar pelota con mis amigos.*
Marcus, 16 – Liliane, 15 meses

*A Meghan le gusta descubrir las cosas. Le encantan las cosas que no son de jugar, especialmente las herramientas y el martillo de su*

*papá. Por supuesto que sólo juega con eso cuando está*
*al pie de su papi.*

*Le encanta jugar con las llaves, abrir las cerradu-*
*ras como mami y papi. Le encanta jugar al aire libre*
*con los chiquillos, pero aún regresa con frecuencia a*
*chequearme.*

Louise, 19 – Meghan, 22 meses; Mark, 5 meses

## Juega con tu niño

*Yo me echo al suelo y gateo con Meghan y la*
*correteo. Bailo con ella. La saco de la casa y juego a la*
*pelota con ella.*

Louise

Jugar con tu niño es importante. Le encanta jugar contigo.
Cuando jueguen, detente de vez en cuando para observarlo sin
interrumpirle el juego. Puedes aprender mucho sobre lo que le
gusta jugar. Deja que te guíe a jugar a su nivel.

Elaborar estructuras complicadas mientras el niño observa
no es exactamente jugar con él.  No va a aprender tanto con
sólo observar como cuando juega activamente.

Durante esta etapa, va a empezar a tomar las cosas con
ambas manos. Va a apilar bloques, uno sobre otro. Llenar y
vaciar vasijas lo puede entretener un tiempo considerable.

A medida que su lenguaje se desarrolla, pídele que hable
sobre su juego. ¿Qué está haciendo? Si garabatea o colorea,
pregúntale sobre su dibujo. No le digas: "¿Qué es eso?" sino:
"Dime algo sobre tu dibujo".

Recuerda que su lapso de atención es muy corto. Cuando él
mismo decide dejar de jugar, respeta su decisión.

## El juego activo es valioso

*Trilby acaba de empezar a caminar y le va muy bien.*
*Es muy juguetona, siempre quiere jugar.*

*La llevo al parque y jugamos allá. La mecemos en*

*el columpio y le encanta. Le canto. Hago lo más que*
*puedo.*

Saunders, 17 – Trilby, 13 meses

Correr, trepar, saltar, mecerse y, en general, brincar de un
lado a otro son todas cosas importantes para el desarrollo de
tu párvula. El equipo de juego del parque puede ser emocionante para ella si no es demasiado grande o complicado o
difícil de usar. Si puede trepar sola, y si quiere hacerlo, probablemente es seguro y va a poder bajar también por sí misma.

*Cuando llevo a Meghan al parque, trepa. Al prin-*
*cipio quería que yo la bajara pero a mí se me ocurrió*
*que ella debía aprender a ser un poquito independiente.*
*Yo medio que cerraba los ojos las primeras veces y no*
*le ayudaba. Parecía una maldad, pero pensaba que si*
*yo estoy ahí siempre para ayudarla, va a esperar que*
*mami la ayude todo el tiempo.*

Louise

*"¡Mira, mami, puedo manejar!"*

Si tú le ayudas a subir, tal vez tengas que ayudarla a bajarse. Deja que haga lo más posible por sí misma.

No le ayudes mucho y no le pidas que juegue en o con algo a lo que le tiene miedo. A veces tal vez tengas que ayudarle a bajarse o sencillamente alejarla de alguna pieza que es muy peligrosa.

A los párvulos por lo general les encanta mecerse. ¿Hay en tu casa un árbol o alguna otra cosa apropiada para colgar un columpio? Una llanta (goma, neumático) inservible colgada con una soga fuerte es un columpio fantástico. Ciertos párvulos preferirían que los mecieran en el columpio a cualquier otra cosa.

*Luciann sabe saltar. Le encanta saltar en la cama. Le gusta saltar de alegría. Yo le permito saltar en la cama cuando yo la tengo asida de las manos, pero no cuando está sola. En el suelo puede saltar todo lo que quiera.*

Liliana, 17 – Luciann, 27 meses

Las acrobacias son divertidas para los párvulos. ¿Podrías dejarla jugar en un colchón viejo de la cuna puesto en el suelo? Saltar en tu cama puede ser muy destructivo y peligroso si se cae. Si tienes un colchón viejo o cojincito de espuma de caucho/hule/goma que se pueda poner en el suelo, a ella le va encantar jugar allí.

*Shelly es muy activa. Observa a alguien cuando hace algo y luego trata de copiarlo. Mi primo hace gimnasia y ella trata de hacer lo que hace él.*

Dixie, 18 – Shelly, 17 meses

Si en tu casa no hay escaleras, busca un lugar donde las haya para que la niña pueda practicar la subida y la bajada. Si no, sin práctica para bajar con seguridad, es posible que se venga escalera abajo cuando se encuentre en alto.

*Shelly ahora anda bien por la escalera. Antes se caía. Se sube de rodillas, luego baja de trasero. Al*

*principio esto era problema. Cuando estaba en silencio
total, yo sabía que iba para arriba. Yo la dejaba subir
pero estaba ahí detrás de ella.*

    Dixie

Una tabla o un tablón sin astillas, de unas ocho pulgadas de
ancho por seis pies de largo es un buen "juguete". Tu párvula
puede usarla como balancín. Colocar un pie directamente
frente al otro es una tarea ardua para los párvulos. La tuya
puede practicar en esa tabla. También puede practicar esta
destreza en las líneas de los azulejos o las baldosas del piso.

Caminar por el tablón es aún más divertido si lo colocas
entre dos montoncitos de revistas, bien bajitos. Al principio,
una pulgada del suelo es suficiente. Más adelante, la criatura
podrá caminar hacia arriba si se levanta levemente uno de los
extremos.

La niña va a disfrutar de juguetes de montar aunque no
pueda hacerlo en un triciclo sino hasta los dos años, por lo
menos. Lo mejor es un carrito bajo en que se pueda sentar y
que pueda empujarlo ella misma con los pies. Busca uno de
construcción sencilla y donde no tenga que abrir las piernas
mucho. Ten presente que las piernas de los párvulos son muy
cortas. Ciertos carritos plásticos son demasiado anchos.

Aunque tu niña sea muy competente, aún necesita que la
supervisen siempre cuando juega en/con agua, ya sea cuando
se baña o al aire libre. Le seguirá gustando esta clase de juego,
especialmente si tú juegas con ella. A lo mejor muy pronto
podrá soplar burbujas de jabón.

Pero siempre ten presente que una criatura se puede ahogar
en una pulgada de agua. Nunca se debe dejar sola donde hay
un poquito de agua, sea en la tina/bañera o alguna piscinita/al-
berquita de juego.

## ¡A jugar pelota!

*Nosotros jugamos pelota. Yo tiro la pelota, el perro
la recoge, me la trae y la pone a mis pies. Entonces*

*Todd la recoge y la tira.*
*Siempre jugamos a corretearnos en la casa. Yo hago*
*ver que soy un monstruo y lo voy a alcanzar. A él le*
*encanta.*

Jill, 18 – Todd, 16 meses

*Sean tira una pelota grande y la patea. Ha jugado*
*con ella unas dos semanas. También tiene una más*
*pequeña que también tira y patea.*

Ginger, 18 – Sean, 17 meses

Poco después de su primer cumpleaños, la niña va a disfrutar de sencillos juegos de pelota. Para los dos años, a lo mejor
ya tira por lo alto más o menos hacia ti. También puede patear
la pelota.

Una pelota de tenis puede divertir mucho a una párvula.
Puede encantarle tirarla y verla caer. Ésta es más fácil de
manipular que una pelota más grande. Tal vez lo mejor es que
hay menos probabilidad de que tumbe una lámpara, rompa
una ventana o golpee a otro niño con una pelota de tenis.

*Él y mami disfrutan cuando juegan juntos.*

*Lo agarra todo. Trata de jugar béisbol. Lanza la
pelota y luego corre. Siempre se desliza a la base. Es
todo un personaje.*

Darla 17 – Janis, 2

## Se necesita espacio y tiempo para jugar

*A Tatiana le gustan los juguetes ruidosos, que
suenan, que le hablan. Le gusta el teléfono más que
todos los otros. Tenemos un teléfono en que aprietas un
botón y suena. Le decimos que conteste el teléfono.*

*Cuando yo hablo con alguien, cree que le estoy
hablando a ella. Tiene un pequeño deslizadero en su
recámara. Le gusta jugar en él, pero no tanto como
salir.*

Mihaela, 16 – Tatiana, 18 meses

Donde sea que residas, aunque sea un apartamento congestionado, trata de hacer espacio para que tu párvulo juegue. Lo
mejor es que ese espacio sea parte de la cocina o de la sala,
cerca de ti, y no un cuarto alejado de todos.

Es importante organizar los materiales de juego de tu niño.
Si no puede encontrar parte del juguete que quiere, no va a
jugar muy bien. ¿Tiene muchos juguetes que no usa? ¿Hay
algunos rotos? ¿Les faltan algunas piezas? ¿Es difícil encon-
trarlos en el fondo del cajón de juguetes? ¿Están escondidos
detrás de puertas de almacenamiento?

Tal vez podrías obtener unas cuantas tablillas abiertas. Bloques de concreto y tablas/tablones, que no se apilen muy alto,
son buenas tablillas. Ten cuidado de que estén firmes para que
tu párvulo no pueda tumbarlas. Ayúdale a guardar los juguetes
en la tablilla de abajo, las otras cosas donde pueda alcanzarlas.

Es muy sensato tener sólo unos cuantos juguetes a la disposición, los que le interesan en un momento dado. Cuando
sacas los otros, le van a parecer nuevos e interesantes. Si los
dejas todos a la vista, un niño de esta edad sencillamente los

va a regar todos por el suelo. A lo mejor convendría que usara los más complicados, los de apilar, sólo en los momentos en que tú puedes jugar con él.

Roseanna, 14, y Felipe, 2, vivían en un apartamento pequeño con poco espacio para almacenar. Roseanna colocó varios ganchos en lo alto de la pared. En cada gancho colgó una funda con juguetes. A la hora de jugar, bajaba uno por vez. El apartamento se encontraba menos desordenado y, sin duda, el juego era más satisfactorio para Felipe. No se confundía viendo todos los objetos vertidos al mismo tiempo.

Mihaela mencionó una táctica parecida. Cambia los juguetes de Tatiana todos los días; deja unos en el armario y saca otros para que los use.

## Juega con él a menudo

*A Jamaica le gusta leer libros. Le gustan los rompecabezas y los bloques y le encantan las muñecas.*

*Le gusta meterse en la bañera conmigo. Le encanta jugar en el agua. Con sólo estar una cerca de la otra, nos alegramos.*

Kyli, 17 – Jamaica, 22 meses

*Me encanta esta edad en que Derek anda de aquí para allá y de allá para acá. Me siento bien porque le puedo enseñar algo.*

*Después de la cena se inquieta otra vez y yo lo saco para dar una vuelta. Quiere saber qué es cada cosa. Al regreso ya viene bastante calmado.*

Laurette, 17 – Derek, 18 meses

Laurette es una madre sensata. Llevar a Derek a dar un paseo cuando está "inquieto" es mucho mejor para ambos, mucho mejor que si su mamá insisitiera en decirle "¡cálmate en este instante!" Además, es muy posible que Derek esté listo para acostarse cuando regresa de su paseo con mamá.

Juega con tu niño a intervalos regulares. Ojalá que lo hagas porque quieres. Por supuesto que tu trabajo y tus actividades requieren mucho tiempo, y las mismas —y tú— son muy importantes. Pero si tiene que gimotear y rogar para que le presten atención, los diez minutos de juego que por fin le das no serán muy placenteros ni para él ni para ti. Recuerda también que puedes "jugar" con él mientras haces tus quehaceres:

> *Luciann se esconde debajo de la alacena y yo le digo: "Te voy a encontrar". A ella le encanta eso.*
> *Le gusta ir a la cocina y jugar con ollas y cacerolas. Sólo va allí en presencia mía.*
>
> Liliana

Saca el mayor provecho posible del tiempo que le puedas dar a tu niño. Asegúrate de que le prestas toda tu atención. Síguele la corriente. ¿Quiere hacer rodar una pelota de un lado a otro? Pues juega a la pelota con él.

Mañana tal vez decida permitirte que le ayudes a construir una torre con los bloques, o tal vez va a querer pintar con los dedos. Háblale siempre acerca de lo que hacen juntos.

## Juego de bolos

Usa cartones de leche de medio galón como bolos. Tal vez necesites llenarlos con bloques o arena para estabilizarlos y que se queden parados.

Luego muéstrale al niño o a la niña cómo hacer rodar la bola hacia los "bolos" para tratar de tumbarlos.

Un juego de seguir al líder es fácil de organizar en tu propia sala. Tú te pones de líder primero. Puedes gatear bajo lo mesa, alreadedor de una silla, por una caja de cartón que hayas colocado allí con anterioridad y sobre la bola grande al lado de la caja. La próxima vez, que tu niño o niña sea líder.

Si nombra objetos pequeños como una pelota, un carrito, una cuchara y una muñeca, hazle una cajita táctil. Una cajeta de las que se usan para enviar aparatos pequeños por lo general es fuerte para este juego. Corta un círculo lo suficientemente grande para que el niño meta la mano.

Muéstrale los artículos uno por uno. Que él los toque y los examine. Después, mete cada objeto en la cajita. Dile que meta la mano en la cajita y agarre un objeto. Ahora, sin sacarlo ni mirarlo, tiene que decirte lo que es.

## Clasificación de objetos

A lo mejor notas que tu párvulo está empezando a separar las cosas por grupos. Así comienza a tomar consciencia de su mundo al clasificar objetos y personas en categorías. Ya ha clasificado a las personas en categorías de las conocidas y las desconocidas. Por cierto que clasifica los juguetes como "míos" y, más lentamente, "tuyos".

Cuando le compres juguetes, un buen conjunto de objetos pequeños es una buena compra. Ten cuidado de que las piezas no sean demasiado pequeñas porque lo puedan ahogar o atorar. A lo mejor puedes seleccionar una calle de una ciudad o un establo o granero con animales y personas.

Te darás cuenta de que empieza a jugar clasificando — separando a las personas de los animales, por ejemplo. Poco después creará escenas y usará su imaginación. Hará que los carritos anden velozmente, los perros se persigan y los policías detengan el tránsito.

Otra idea para un "juego" – sugiere que te ayude a separar la ropa para lavar o la ropa de ella por colores.

## Planes para jugar bajo techo

*Casey está muy ocupada ahora, con todo. Está feliz – ¡cree que él es la persona más cómica del mundo y yo estoy de acuerdo!*

*Está aprendiendo ciertos movimientos con ciertas canciones. Baila, y yo tengo que bailar con él. Prendo el radio y bailo con él.*

*En este momento está aprendiendo mucho. Está*

*aprendiendo palabras nuevas. Yo le canto el alfabeto.*
Charity, 17 – Casey, 18 meses

Al garabateo se le ha llamado el arte del párvulo. Garabateando aprende a dibujar. En vez de enseñarle a dibujar más adelante, enséñale a garabatear durante el segundo año. Un año más adelante o algo así los garabatos se convertirán en dibujos.

*Es magnífica con los creyones. La siento a la mesa – con la pintura. Tiene la ropa manchada con pintura. Yo trato de dejarla que sea niña, que disfrute.*
Clancy Jane, 17 – Jenae, 25 meses

*Pintar afuera significa menos desorden adentro.*

Es importante desplegar grandes hojas de papel para pintar y garabatear. No tienes que comprar papel. Abre bolsas de papel y despliégalas frente al niño. (Pide bolsas de papel en vez de plástico en el supermercado.)

Primero, haz una marca en el papel con un creyón súper grande. Luego dale el creyón a la niña y dile "ahora colorea tú". A la niña le va a encantar. Va a necesitar supervisión si no quieres que el garabateo se extienda a las paredes, los muebles y la guía telefónica. Más sobre este tópico en *La disciplina hasta los tres años.*

Éste es el momento de hacer o comprar unos cuantos

rompecabezas fáciles para tu niña. Pega una lámina en un pedazo de cartón, luego corta el cartón en tres piezas. ¿Las puede juntar? Si lo hace rápidamente, tal vez está lista para algo más difícil. De ser así, corta el mismo rompecazas en cinco o seis piezas. ¿Todavía lo puede juntar?

A lo mejor puede meter un círculo y un cuadrado en un marco. Puedes hacer uno dibujando un cuadrado y un círculo grandes en un pedazo de cartón y rellenando cada uno con un color diferente. Corta un cuadrado y un círculo del mismo tamaño pero de papel blanco. Colorea las formas para que concuerden con el cartón. ¿Los puede parear?

## Juguetes hechos en casa

La niña tal vez puede ensartar ahora "cuentas" grandes. Las cuentas pueden ser carretes vacíos, rollitos de cinta adhesiva, o hasta rollos para el cabello. Inserta unas dos pulgadas de un cordón en goma o pegamento blanco. Déjalo secar hasta que se endurezca lo suficiente para que el niño pueda insertarlo en los agujeros.

El cordón debe tener no más de diez pulgadas de largo. No puedes correr el riesgo de que se lo enrolle alrededor del cuello.

Hace unos meses, tu niña probablemente aprendió a apilar un bloque sobre otro. Ahora puede hacer una pila más grande, una torre de bloques. O si no, puede apilar latas, botes o potes de comida, uno sobre otro.

*Lance se trepa hasta las alacenas de las ollas y ca-cerolas. Allí pone una cosa encima de otra. Puede jugar en las alacenas de abajo aunque he amarrado la que no quiero que toque.*

*Saca las ollas y las golpea una contra otra. También golpea las puertas de la alacena, hacia atrás y hacia adelante.*

Celia, 20 – Laurel, 4; Lance, 18 meses

A la niña le va a encantar arreglar y volver a arreglar toda clase de objetos en la casa. Puede sacar todo lo que hay en las alacenas y alinear las cosas en el piso. A lo mejor se va a quejar cuando las tiene que quitar. Si la tarea es muy grande para ella, pídele que te ayude a poner las cosas en su lugar. A lo mejor le va a gustar separarlas por color o tamaño. Entonces tú le dices: "Vamos a colocar las grandes primero". O si no, haz un juego para ver si ella puede quitarlas con la misma rapidez con que tú pones el almuerzo en la mesa.

El juego es el empleo de tu niña. Por medio del juego, aprende más sobre su mundo. Unírtele en el juego es una parte importante para desarrollar una buena relación con ella. El tiempo que pasas jugando con ella probablemente va a significar menos tiempo resolviendo problemas que cause la niña por aburrimiento o falta de atención.

*¡Lo más importante es que tú y tu párvulo puedan disfrutar tremendamente de la asociación mutua!*

*Su imaginación se remonta*

# 4

# Su imaginación se remonta

- **Le encanta imaginar**
- **Que "ayude"**
- **Los párvulos y su hablar**
- **No corrijas su habla**
- **Léele a tu hijo/a**
- **Elige libros no sexistas**
- **Tú eres su maestra**

*Quiere hacer todo lo que hago yo. Cuando me tomo una ducha con ella, me echo champú en el cabello y la lavo a ella. Entonces hace lo mismo.*

*Todo lo que digo lo repite. Si digo: "Discúlpeme, jovencita", ella dice la misma cosa. Cuando me arreglo el cabello, cuando me maquillo la cara, ella me observa. Un poquito más tarde, agarra maquillaje y hace exactamente lo que hice yo.*

Clancy Jane, 17 – Jenae, 25 meses

*Leon imagina que es perro, gato, pájaro en vuelo. A veces monta a caballo (en el brazo del sofá). Él y DeeDee se van a la recámara e imaginan que están en el espacio. Se sientan y hablan y hablan. Él la entiende a ella y ella lo entiende a él.*

Tamara, 21 – DeeDee, 41/2; Leon, 20 meses

## Le encanta imaginar

*Janis es actriz. El otro día me llegaron por correo unos pañales de muestra. Ella los recogió y dijo: "Éstos son para mí. El cartero me los mandó a mí". Me pidió que se los pusiera y se los puse. Entonces hizo ver que era bebé y se puso a gatear.*

*Le gusta mucho la música, el "punk rock". Cuando mi hermano hace ver que toca la guitarra, ella también lo hace.*

Darla, 17 – Janis, 2

A menudo los niños de esta edad se divierten mucho con la imaginación. Les encanta vestirse con la ropa de mamá o papá.

Ponerse tus zapataos puede ser una actividad favorita. Los sombreros de distintas clases le fascinan. Guarda algunas de tus piezas viejas para que juegue.

*Antonio juega a la casa con sus vaqueros, soldados y botes. Le encantan las motocicletas – las de juguete y las de verdad. Ayer pasamos por la tienda/el taller y quería montarse en una.*

*A su muñeco le dice "no", que es lo que yo le digo a él. O si no, le dice: "pórtate bien".*

Becky, 18 – Antonio, 26 meses

Pronto tu niña te va a involucrar en sus juegos imaginarios. Si te invita a darle de comer a su osito de peluche, hazlo. Tu participación es buena para ella y, además, te divertirás mucho.

*Carga a su bebé de un lado a otro. Le compramos un cochecito y ella cree que es la mamá. Le pone una toalla encima a su bebé y le da palmaditas. Tiene una mecedorita y mece a su bebé.*

Liliana, 17 – Luciann, 22 meses

Las muñecas son importantes para casi todos los niños. Casi todos los padres hoy día parecen entender que los varoncitos necesitan muñecas tanto como las hembritas. Después de todo, si jugar con muñecas es práctica temprana para ser madre o padre, es tan importante para los niños como para las niñas. Casi todos los hombres, como casi todas las mujeres, van a ser padres y madres.

*Janet tiene dos muñecos, uno es un niño y otro es un osito, Frankie y Henry. Los lleva a la bañera con ella. Los llama sus bebés y se acuesta con ellos.*

Candi, 16 – Janet, 18 meses

A la mayoría de los párvulos les encanta la música. La música les estimula el desarrollo cerebral porque cuando un niño la escucha, se mueve al compás de la misma y hasta puede cantar. A lo mejor hasta prende el aparato de radio para tener música para bailar. Si te lo pide, baila con ella. Va a ser divertido para las dos. Le van a gustar sus propios instrumentos musicales, como tambor, platillos, o triángulo. Le puedes hacer un tambor con una lata de café de una libra. Dos tapas hacen platillos.

*Hoy es música.*

A los párvulos les encantan las campanas y los cascabeles. Pero tienes que supervisar a dos o más porque en su exuberancia podrían darse golpes con las campanas. Sin embargo, el esfuerzo vale la pena.

## Que "ayude"

*Henry abre la gaveta y saca un abrelatas. Entonces busca una lata y me la da, o si no, trata de abrirla él mismo. Le gusta hacer lo que hago yo. Hasta puede abrir la llave de la puerta del frente. Lo tenemos que vigilar constantemente.*

Olivia, 20 – Henry, 23 meses

A los párvulos generalmente les encanta "ayudar" con las tareas caseras. Si le puedes dar una escobita, va a barrer contigo. Trapear el piso con cualquier trapo es su idea de jugar de verdad.

Cuando cocinas, puedes pensar en muchas maneras de involucrar a tu niño. Te puede ayudar a sazonar, por ejemplo, con las cosas ya medidas por ti, naturalmente. Si horneas, puede ayudar a revolver la mezcla.

Si puedes encontrar la manera de que te ayude a lavar los platos sin causarte un colapso nervioso, a él le va a encantar. Si tienes dos fregaderos, el niño puede usar uno para lavar cucharas, tazas, platos de plástico y ollas. Llevas la delantera si pones muchos periódicos en el piso antes de empezar a lavar los platos. O si no, pon toallas de baño para recoger el agua.

A veces hasta ir de compras con tu párvulo puede ser diversión para ambos:

*Me parece que disfruta de las tiendas tanto como yo. Vamos juntas y yo le hablo. Le digo: "Jenae, ¿te gusta esto?" Todo lo que yo hago, ella lo hace también.*

Clancy Jane

A veces el niño puede ayudar mucho. Puede cumplir con un pedido sencillo: "Tráeme el trapo de limpiar". Te puede ayudar a hacer las camas, especialmente la suya. Le va a encantar imitarte.

## Los párvulos y su hablar

Le has estado ayudando a tu niña a aprender a hablar desde que nació. Le has hablado, le has nombrado cosas y personas, le has leído. A lo mejor ya dice unas cuantas palabras.

*Sean sabe los nombres de las partes del cuerpo – nariz, ojos, boca, orejas, manos, pies, piernas. Acaba de aprender piernas, ayer. Contesta el teléfono. Pregunta: ¿quién es? y sigue hablando.*

Ginger, 18 – Sean, 17 meses

Si te interesa que tu niña no aprenda ciertas palabras, trata de no decirlas en su presencia. Está aprendiendo a hablar repitiendo las palabras que oye. Castigar a una criatura por decir "malas" palabras no tiene la más mínima lógica. Para la niña,

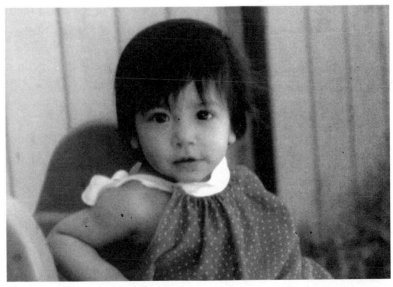

*Ya dice unas cuantas palabras. Dentro de poco va a hablar.*

todas las palabras que escucha son interesantes y no se debe
esperar que ella sea censora de su propia habla en varios años.

Una maestra en un centro infantil habló sobre un niño de
dos años con un lenguaje terrible. "No le prestamos mucha
atención", informó. "Ignoramos la palabra. Seguimos como
si no hubiera dicho nada. Lo distraíamos a otra cosa. A veces
decíamos de manera completamente normal: "ah, no, nosotros
no usamos esa palabra". Entonces nos dedicábamos a otra
actividad. Gradualmente, el lenguaje de ese niño mejoró".

## No corrijas su habla

Ahora que empieza a decir unas cuantas palabras, existen
dos maneras más para ayudarle.

En primer lugar, no corrijas su habla. Cuando le hables,
pronuncia las palabras correcta y claramente. Pero si dice
"ito" por "bonito", no te preocupes. Aprenderá más
rápidamente si no lo criticas.

En segundo lugar, tu niño no se molestará en hablar si
no ve la necesidad de hacerlo. Si indica el refrigerador, ¿de
inmediato le das una taza de jugo? Si hace un gesto hacia una
galleta, ¿se la das en el acto? Lo que debes hacer es estimular-
lo para que diga la palabra cuando sea posible. No lo frustres,
por supuesto, al esperar más de unos cuantos segundos. Recuerda que los niños empiezan a hablar a distinta edad.

*Shelly me agarra para llamarme la atención. Dice
"biberón" y "comer". Si quiere algo, lo dice. Lo ha
estado haciendo como por dos meses.*

Dixie, 18 – Shelly, 17 meses

*Jayme dice "mami", "papi", "no", "sí", "abuelita"
y especialmente, "¿qué es esto?" Tiene mucha
curiosidad por todo.*

*Responde cuando le hablo. La verdad es que
podemos sostener una conversación.*

Kaylene, 18 – Jayme, 16 meses

Aunque casi todos los niños pueden nombrar cosas con las que están familiarizados y de vez en cuando dicen una frase de dos palabras para fines del segundo año, el tuyo de dos años, perfectamente brillante, no dice casi ni una palabra. No te preocupes por eso. Sigue hablándole de lo que haces en su compañía. Habla de manera sencilla y clara—y despacio. Para fines de esta etapa, tu niño podría hablar en "oraciones". Sin embargo, su versión de una oración es generalmente una palabra como "hola". Si dice "me" lo que quiere decir es "cárgame". No esperes oraciones completas con un sustantivo, un verbo y un complemento. Casi todos los niños usan oraciones verdaderas después de los dos años.

## Libro de palabras de _____

Usa páginas de cartón suave o cartulina. El cartón que viene con pantimedias es bueno para esto. Abre huecos en las páginas y átalas con hilo o hilaza. Busca láminas que representan las cosas que nombre tu niño. "Ma-ma", "pa-pa","ta-ta", "pe-rro" pueden ser sus primeras palabras reconocibles. Pega una lámina para cada una en el libro, luego léelo con él. Poco después estará "leyendo" las láminas contigo.

## Léele a tu hijo/a

Si le has estado leyendo a tu niño, probablemente va a hablar más que si no lo hubieras hecho.

*Yo le leo a Shelly. Me parece que eso le ayuda a aprender a hablar. Le empecé a leer a los diez meses.*

*A mí no me gusta leer si no es lo que quiero leer. Pero cuando le leo a Shelly, sé el resultado que voy a tener. Eso lo disfruto. Y ella balbucea como si estuviera leyendo. Así fue como aprendió a decir "perrito", etc. Ella misma voltea las páginas.*

Dixie

*Sean toma un libro, lo abre y balbucea como si lo estuviera leyendo. Yo le leo mucho. Le gusta mostrar las figuras y escucha lo que le leo.*

Ginger

Las ilustraciones son importantes. No te empecines en enseñarle a leer a tu niño por varios años. Puedes estar segura de que más adelante va a leer sin tanta lucha si en este momento disfruta de los libros contigo. Cuando elijas libros para tu párvulo, piensa en escoger los que tienen ilustraciones sencillas y con mucho color. A esta edad, es probable que le gusten los libros con láminas de cosas y personas que ya conoce.

*A Heidi le encantan los libros de láminas. Yo le leo. Ella tiene libros en su caja de juguetes. Los mira, después me muestra y gruñe que quiere que le lea. Es realmente asombroso que tenga tantas ganas de hablar.*

Jenny, 18 – Heidi, 13 meses

Si los abuelos viven contigo o cerca,

*Leer con mamá es un momento muy especial.*

un libro sobre un niño que juega con su abuelito le puede interesar. Los libros sobre perros y gatos son buenos. Le pueden gustar especialmente los libros con láminas de bebés. Natulamente que a medida que crece no vas a limitarle los libros a cuentos de cosas conocidas. El ritmo y la rima de las nanas infantiles le van a gustar. Cuentos de hadas y de animales, gente y lugares que nunca ha visto son parte importante de su educación. Proporciónale variedad en los libros, porque los libros pueden ampliarle el conocimiento e interés en cosas diferentes. Pero los libros sobre tópicos conocidos son los que probablemente capten el mayor interés de un párvulo.

## Elige libros no sexistas

Los libros pueden jugar un papel importante en el aprendizaje de un niño, sobre sí mismo y su mundo. No permitas que sus libros le muestren un retrato distorsionado y sexista del mundo. Con mucha frecuencia, los libros infantiles presentan a la mamá preparando la cena en la cocina y al papá ganándose la vida.

Busca libros que muestren a muchachos y muchachas, hombres y mujeres, como seres humanos con muchas habilidades e intereses distintos. No elijas cuentos e ilustraciones que sugieran que tu niño o niña tiene que limitar sus intereses por su sexo.

## Tú eres su maestra

Al leerle a tu niño y estimular el desarrollo de su imaginación, le preparas la base para la lectura y otras experiencias valiosas que tendrá en la escuela más adelante. De hecho, tú eres la maestra más importante de tu hijo. Aprenderá mucho más por interacción contigo durante esta etapa que en ningún otro momento.

*¡Éste es un momento emocionante para ambos!*

*Tanto papá como párvulo llevan las de ganar si papá participa.*

# 5

# Papá lleva las de ganar si participa

- Ciertos papás están muy involucrados

- Otros se lo dejan todo a mamá

- Construcción de una familia

- Aprender a ser padre

- Cuando papá vive en otro lado

- Mantener una relación

- Tu hijo/a cambia tu vida

*Yo no lo planeé. Yo no esperaba el embarazo. Decidimos vivir juntos después que nació Kami. Yo quería ser parte de su vida de ella porque mi papá no estuvo presente para mí.*

*Quiero ver las cositas que hace. Quiero ayudarla, guiarla. Ella es mi hija y yo la quiero.*

*La crianza es una de las cosas más difíciles que he vivido. Te despierta: "Tengo hambre, cámbiame [el pañal], vísteme". Le encanta la atención. Hay otras cosas que quiero hacer y no puedo. Es difícil. Yo lo hago todo. La cambio, le doy de comer, la baño. Quiero hacerlo todo.*

Lucas, 21 – Kamie, 21 meses

*Muchos padres no viven con sus hijos. Sólo van a
visitar los fines de semana o después de clases, pero yo
puedo ver a Alex todo el tiempo. Lo vi cuando empezó a
caminar y cuando dijo "papi" por primera vez. Eso me
hace estar más involucrado con él.*

*Alex me hizo menos egoísta, por eso no puedo ir a
gastar todo en mí mismo. Tengo que tomar en conside-
ración que él necesita esto, o tiene que tener lo otro.*

*Tengo mucho que compartir con él. Ahorita, por
ejemplo, estoy tratando de enseñarle a recibir una
pelota. Soy como todos los otros padres que quieren que
su hijo sea una estrella de béisbol, y quiero que empiece
bien temprano.*

*Yo no esperaba tener un bebé así tan joven. No
había planeado tenerlo sino hasta los 25 años, cuando
yo estuviera ya estable y establecido y fuera hora de
tener hijos. Fue inesperado [el embarazo].*

Brian, 20 – Alex, 12 meses

## Ciertos papás están muy involucrados

Las madres o los padres adolescentes que crían sin su
pareja a menudo tienen que aprender a encargarse por completo del cuidado de sus niños. Mayormente, es la madre
adolescente quien se encarga de la criatura si los padres no
cohabitan. No importa el cansancio que sienta, ella es quien le
da de comer, juega con él, lo atiende cuando se enferma y se
encarga de todos los otros aspectos de la crianza porque ella
es quien está presente. El resultado es que ocurre una relación
muy estrecha entre los dos. Ella conoce la alegría y el duro
trabajo de la crianza.

Lo ideal, si padre y madre cohabitan, es que compartan las
responsabilidades de la crianza. Más y más padres se están
dando cuenta de que su relación con la criatura es mucho
mejor si ellos se involucran o participan activamente en la crianza. Saben que si sólo mami atiende al bebé, papi se pierde

de mucho.

*Yo estoy tan involucrado en la vida de Dustin como
Kelly Ellen. Ella y yo compartimos todo lo que se
refiere a él. Me he sentido realmente apegado desde el
momento que nació.*

*Ambos le leemos. Los libros son favoritos de él por
ahora. A cualquier parte que vayamos, tiene que llevar
libros. Tiene sus favoritos.*

*En los deportes, aprendes todo lo posible para ser lo
mejor que puedas ser. Siento lo mismo en cuanto a él.
Quiero que lo criemos de la mejor manera que poda-
mos.*

*Todo día es diferente para él. Todo día aprendemos
algo, ya sea un cambio en su personalidad o algo que
aprendemos de otro niño en otra familia.*

*Yo atiendo a Dustin porque lo quiero. Si no lo
quisiera, no estaría aquí. Él es parte de mí y por eso
quiero estar con él y criarlo.*

Mark, 22 – Dustin, 2 1/2

A veces, "papi" no es el padre biológico (verdadero). Tal
vez mami está con otro, alguien que hace las veces de padre
para el niño. Mami puede saber ya que el papi suplente, el que
quiere al niño y se toma la responsabilidad diariamente, es sin
duda el padre "verdadero".

Si tu pareja no es el padre biológico de tu hijo, ¿cuánto
debe participar él en la atención del niño? Eso depende de
muchas cosas. Si están desarrollando una relación fuerte, y
esperas que van a estar juntos mucho tiempo, probablemente
él va a querer involucrarse mucho con tu niño.

*Leesha está bien apegada a Greg. Aunque él no es
el padre natural, sí es el padre. Por ejemplo, cuando yo
estaba embarazada con Manuel, Greg se levantaba a
media noche cuando Leesha lo necesitaba. Él es quien
la recoge en la escuela. Eso es ser padre, alguien que*

*está presente para ella, que le da de comer y la baña,*
*no alguien que la engendró.*

Kambria, 21 – Leesha, 5; Manuel, 14 meses

Sin embargo, siempre es mejor ser franca con tu párvula.
Aunque nunca haya visto a su padre biológico, ella necesita
saber que tiene otro papá.

## Otros se lo dejan todo a mamá

Los papás, sin duda, tienen un papel importante en la vida
de un niño. Pero ciertos padres, aun si conviven con sus niños,
dejan toda la atención del niño a la mamá.

> *Dennis no ayuda mucho, tal vez por los problemas*
> *que hemos tenido. Considera que el bebé es sólo mío.*
> *La mamá de él me ayuda mucho, y mi mamá también*
> *lo hizo cuando yo vivía en casa. Te puedes poner muy*
> *irritable si no tienes a nadie que te ayude.*

Jenny, 18 – Heidi, 13 meses

Louise expresa tal irritabilidad enérgicamente.

> *Bob no siempre está aquí, y cuando está, no es gran*
> *ayuda. Anoche perdí los estribos con él. Cuando él*
> *llega, a mí me gusta sentarme y relajarme. Así que me*
> *fui al lado a visitar a una amiga.*
> *El instante en que uno de los chiquillos dice "bu",*
> *va y me busca. Yo le pregunté: "¿Puedo salir alguna*
> *vez a tomarme un recreito sin que tú vengas a bus-*
> *carme, o sin que Meghan se me pegue?"*
> *Si él sale a visitar a algún amigo en el vecindario,*
> *yo no lo voy a molestar. Parece como que se supone que*
> *mamá tiene que hacerlo todo con los chiquillos.*

Louise, 19; Mark, 5 meses; Meghan, 23 meses

Mick no esperaba cambiarle los pañales a su hija ni darle
de comer, tal vez porque no convivió con ella sino hasta los
14 meses. De hecho, Kris continuó haciendo todo eso durante

varios meses después de mudarse con Mick y su familia. Entonces Kris consiguió un empleo los fines de semana y Mick
se dio cuenta de que no tenía alternativa alguna:

> *Cuando Kris y Cassandra se mudaron con nosotros,*
> *no me imaginaba que yo iba a atender a Cassie. Enton-*
> *ces Kris empezó a trabajar los fines de semana y yo me*
> *quedaba con Cassie todo el día el sábado y el domingo.*
> *Al principio yo decía: "mami, cámbiale el pañal".*
> *Ella me contestaba: "no, hazlo tú".*
> *O si no, yo le pedía a mis hermanas que le*
> *cambiaran el pañal.*
> *"No, es tu hija", me contestaban. No me quedaba*
> *ninguna alternativa.*
> *Ahora le doy de comer y juego mucho con ella.*
> *Jugamos básquetbol. La llevo al parque, pateamos la*
> *pelota.*

Mick, 19 – Cassandra, 25 meses

*Le está ayudando a papá a leer.*

Sin la menor duda, Mick está más apegado a Cassandra ahora que comparte el cuidado de la niña.

## Construcción de una familia

Si tú eres el papá, ¿cuánto tiempo pasas con tu niño? ¿Haces tu parte en cuanto a cambiarle los pañales y bañarlo? ¿Juegas con él ahora o estás esperando hasta que esté más grandecito para jugar fútbol contigo? Si eres la mamá, ¿te has hecho a la idea de que tú debes ser la encargada de tu párvulo casi siempre? ¿O te gustaría que papá, si está contigo, participara más?

Ernesta consideraba muy seriamente que tanto la madre como el padre deben compartir el cuidado de un niño. Ella comprendía bien que eso era bueno no sólo para ella sino también para el bebé y el papá. Al principio Osvaldo no estaba de acuerdo, pero Ernesta no abandonó su sueño de una familia con ambos padres involucrados con sus niños:

*Al principio, cuando el bebé necesitaba cambio de pañal, mi esposo decía: "no, ésa es tarea de la mamá".*

*Yo le contestaba: "no, no es sólo tarea de la mamá. Yo no tuve al bebé sola. Lo hicimos los dos".*

*Al principio no ayudaba. Peleábamos mucho por eso. Por fin le dije a la mamá de él que él no me quería ayudar con nada. Su mamá se enojó con él y le dijo: "tú tienes que ayudarle".*

*Mi papá nunca le ayudó a mi mamá y por eso crecí sin tener idea de cómo hablarle a mi papá. Yo le dije a Osvaldo: "si quieres una relación como ésa, olvídalo. Terminamos nuestra relación inmediatamente. Yo quiero una familia en que el padre participe en todo". Eso lo hizo reflexionar.*

*Una vez hasta fuimos a ver a una consejera y ella nos ayudó mucho. Ahora él me ayuda y me parece fantástico. Me parece que todos los papás deben hacerlo, no sólo porque las mamás lo necesitan, sino porque*

*él mismo tiene que crear una relación con su bebé.*
*Hay amor de madre y amor de padre, no sólo amor de*
*madre para el bebé.*

Ernesta, 20 - Jeremy, 3; Osvaldo, Jr., 5 months

Osvaldo ahora tiene una mejor relación con sus hijos por la
insistencia de Ernesta en que participe en la crianza.

## Aprender a ser padre

Meghan también estaba convencida de que la crianza es
para madres y padres. Su papá nunca estaba en casa durante la
niñez de ella. Los padres de Tim asumieron los papeles tradicionales de papá en el trabajo y mamá en casa con los niños.

Meghan quería algo más para sus niños. Ella y Tim no se
casaron sino hasta cuando Ángel tenía ya casi dos años. La
verdad es que se separaron durante el embarazo y Tim vio a
Ángel por primera vez a los cinco meses. A partir de entonces,
pasó mucho tiempo con Meghan y Ángel. Meghan lo narra
así:

*Yo dije que Tim no tenía que estar conmigo pero*
*quería que su hijo lo conociera. Empezó a venir y*
*enseguida empezó a hacer de papá. Le enseñé a cam-*
*biar los pañales. Le dije: "tú tienes que ser parte de su*
*vida. Te voy a enseñar a cambiar un pañal. Lo vas a*
*aprender bien, vas a ver".*

*Él tenía miedo. No sabía cómo atender a Ángel.*
*Siempre me preguntaba qué hacer y yo le decía: "tú*
*eres el papá. Tienes que aprender esas cosas".*

*Una vez había que bañar a Ángel y le dije a Tim que*
*lo bañara y me dijo :"no".*

*Yo le dije: "¿por qué no?"*

*"Mi papá nunca me bañó".*

*Le dije que se fuera. Me molestó mucho y yo no*
*quería estar irritada en presencia de Ángel porque sé*
*que un bebé se irrita si tú estás irritada. Tim me*

*preguntó por qué quería que se fuera.*
*Yo le dije: "tú eres el papá y yo soy la mamá y yo*
*creía que este asunto era mitad y mitad. Ahora no es*
*como antes. Si tu papá no te bañó, ¿quiere decir que*
*tú no puedes bañar a Ángel? Ésta es una situación*
*completamente diferente. A lo mejor tú tuviste una mala*
*niñez pero yo no quiero que te la saques en Ángel".*
*Él me miró y me dijo: "tienes la razón otra vez".*
*Yo le dije: "no tengas miedo. Yo voy a estar allí para*
*ayudarte. Nada puede pasar, excepto dejarlo limpio".*
*Así que pasamos por ese momento y él empezó a*
*bañar a Ángel. Después empezó a hacer casi de todo.*
*La familia de él es chapada a la antigua. La mamá está*
*en la cocina y está embarazada. Ella se encarga de todo*
*con los hijos y el papá no hace nada con los hijos. Ellos*
*como que se resintieron de que yo hice cambiar a Tim.*
*Concordamos en que lo que sea que nosotros haga-*
*mos es asunto nuestro. Ahora somos una familia, así*
*que sea lo que sea que piensen, pueden guardarse sus*
*opiniones.*

Meghan, 25 – Ángel, 8; Kenny, 6; José, 2; León, 8 meses

Andar detrás de un bebé súper activo es difícil. Tal como
bien lo entendía Meghan, si tanto la madre como el padre
pueden compartir la crianza, el asunto va a ser mejor para todo
el mundo. La mamá no va a estar tan agotada, el papá va a
disfrutar más a su hijo si participa y el bebé, por supuesto, va a
estar más contento que nadie.

## Cuando papá vive en otro lado

Ciertas parejas se mantienen juntas durante el embarazo
pero no se casan. Muchas se separan después del nacimiento
del bebé. La verdad es que la mayoría de las parejas adolescentes, casadas o sin casar, no están juntas para el tercer
cumpleaños del niño, o hasta para el segundo.

Muchos, como Yumiko y Marc, nunca viven juntos.

*Necesita momentos con su papá.*

Durante los primeros meses de crianza, la pareja tal vez se reúne mucho, pero eventualmente la relación termina. ¿Cuál es el papel del papá en este momento?

Yumiko y Marc estudiaban en distintas escuelas secundarias. Marc eataba trabajando pero veía a Yumiko casi todos los días durante el embarazo. Permanecieron muy unidos un año más. Él pasaba casi todas las noches con Yumiko y Marty.

Con el correr de los meses, Yumiko se dio cuenta de que ella estaba madurando más rápidamente que Marc. Empezaron a pelear y finalmente se separaron. Ahora Yumiko está con otra pareja. Ella describe la relación de Marc con Marty:

*Marc no se responsabiliza mucho por Marty. Cuando estábamos juntos yo lo urgía. Le decía: "ahora eres papá. Tienes que hacer esto".*

*Ahora no viene a ver a Marty muy a menudo. Varias veces ha llamado para decir que va a venir a buscar a Marty para llevarlo a alguna parte y entonces no se presenta. Eso decepciona a Marty. No me parece que hay motivo importante para que Marty vaya allá.*

*A mí me parece que Marc considera que no tiene que preocuparse por ver a Marty porque él siempre va a tener ciertos derechos ante la ley. No me gusta la idea de que venga cuando Marty tenga cinco años y le diga: "hola, yo soy tu papi". Me parece injusto para un chiquillo que su papá se presente cuando se le antoja.*

*A veces me dan ganas de decirle: "anda a hacer lo que quieras, Marc. No te preocupes por presentarte aquí". No puedo hacerlo, pero me parece que él bien podría venir por lo menos una vez a la semana. Marty estaba acostumbrado a verlo todos los días. Llama "papi" a Marc pero en realidad no sabe lo que eso significa.*

Yumiko, 16 – Marty, 21 meses

Marc es el mayor perdedor en esta situación. No está creando una buena relación con Marty. De hecho, no habrá relación de ninguna clase si continúa ignorando a su hijito.

Leila ya no está con el padre de Larissa. Se separaron cuando Leila estaba embarazada, luego convivieron seis meses después que nació la bebé. Después él se mudó a otro estado. Unos cuantos meses más tarde volvió. Esto es lo que dijo Leila:

*Ya no estoy con el papá de Larissa. Stewart entraba y salía de la vida de ella, pero ahora ella está lo suficientemente grandecita para sentirse herida por eso. Él ahora me esquiva porque entablé reclamo de paternidad y él no coopera.*

*Cuando regresó la semana pasada, dejé que Larissa estuviera con él un par de veces. Entonces, así de*

*repente, él dejó de venir y yo tuve que contestar las pre-*
*guntas de ella sobre papi.*

   *He decidido que si Stewart vuelve, va a tener que*
*ser por medio de una decisión legal. Mi hija no necesi-*
*ta eso, alguien que entra y sale de su vida. Yo daría*
*cualquier cosa por que ella tuviera a su papá, pero si él*
*sólo va a herirla . . .*

Leila, 18 – Larissa, 21/2

Es todo un dilema. A Leila le gustaría proteger a Larissa
del dolor de las visitas esporádicas de su papá. Por otro lado,
¿se sentirá Larissa aun más abandonada por su padre si ella
no lo ve nunca?

Cada familia es diferente, pero hay que hacer todo esfuerzo posible para que Stewart tome consciencia de la decepción
que es para su hija que él entre y salga de su vida. Aunque
una criatura no resida con su padre, necesita saber que él está
al alcance y que se preocupa por ella.

Leila es sensata al reclamar paternidad. Si no, Larissa podría no tener derecho a cosas tan importantes como posibles
beneficios de veteranos o Seguro Social por parte de su papá.

## Mantener una relación

Muchos padres que no residen con sus hijos quieren tener
una fuerte relación con ellos. Marcus es uno de ellos:

   *Anoche cuando vino Dorene, yo iba a salir. Todos*
*mis amigos estaban afuera esperándome, y allí viene*
*la mamá con la bebé. Así que les dije a mis amigos*
*que se fueran sin mí porque yo me iba a quedar con*
*mi bebé. Primero me decepcioné porque quería salir*
*con mis amigos. Entonces Liliane corrió hacia mí con*
*una sonrisa en los labios, lo que dijo enseguida que yo*
*quería estar con ella. Mi bebé viene primero, aunque a*
*veces es duro.*

Marcus, 16 – Liliane, 15 meses

Miguel vivió con la madre de su hija durante varios meses después del nacimiento de Genny. De hecho, si pudiera, todavía conviviría con su familia. Como eso no es posible, pasa todo el tiempo posible con Genny:

> Seguiré quedándome con Genny cada vez que pueda y comprándole las cosas que necesita. Si voy de compras, no pienso en mí, sino en ella, y les compro algo (a la niña y la mamá).
>
> Hoy no fui al trabajo y tuve a Genny todo el día. No sólo es mi hija—es como una amiguita mía. Jugué con ella todo el día. Ella es pura actividad. Me cansa, pero la quiero tanto que haría cualquier cosa por ella.
>
> Ella se mete en todos los cuartos y tengo que estar alerta. Es bien lista. Hace cosas que no me hubiera imaginado que podía hacer. Le digo que me traiga un pañal. Lo trae y le doy un abrazo. Cada vez que hace algo bien, la abrazo.
>
> Miguel, 20 – Genny, 18 meses

## Tu hijo/a cambia tu vida

Miguel también habló de los cambios que ha hecho en su vida por su hija:

> Maurine, Genny y yo vivimos juntos unos seis meses. Fue muy bueno [ese período]. Yo trabajaba largas horas y después podía ver a Genny. A veces trabajaba hasta los fines de semana, pero cuando no trabajaba, pasaba todo mi tiempo con ella.
>
> Cuando pienses que quieres dejar a tu esposa o tu novia, piensa en tu hija y en cómo quieres que crezca. Yo me preocupo por mí mismo, pero haría cualquier cosa por ella. Nunca seas malo con ella, ni la desatiendas, sólo quiérela, que cuando ella crezca te reciprocará ese amor.
>
> Yo estaba en una pandilla, pero me siento mejor

*no estando con esos tipos. Ya no tengo muchos amigos
por aquí porque todos están en pandillas. Si tienes más
edad, no es difícil salirte de la pandilla. Yo, sencillamente me marché. Ninguna pandilla me ha controlado
nunca. A mí me presionaron para tomar drogas, pero no
para acribillar a nadie. Todos los pandilleros jóvenes
son así ahora. Yo no quiero ser así. Yo tomé la decisión
de mantenerme alejado de las pandillas.*

*Ahora me siento bien conmigo mismo. Yo estaba
bien drogadicto. Dejé las drogas apenas empecé a
tratar de volver con Maurine. Cambié inmediatamente
porque, ¿quién iba a querer a un pandillero drogadicto? No tiene sentido tratar de volver con ella si no vas a
hacer todo eso.*

*Nosotros peléabamos mucho. Nos llevábamos bien
pero yo me ponía muy celoso. No sé por qué. Entonces
ella decidió mudarse. Ahora es diferente. Somos amigos
y yo seguiré tan unido a Genny como me sea posible.*

Miguel

Tener un niño cambia drásticamente la vida tanto de padres
como madres. Sí, un padre se puede marchar y muchos lo
hacen. Otros padres, como Miguel, saben que el papá, al igual
que la mamá, llevará las de ganar si de veras comparte las
responsabilidades de la crianza de su hijo. Sea o no sea que
residas con tu hijo, mientras más involucrado estés en su vida,
mejor será la relación entre los dos.

*Tu hijo te necesita.*

*Prefiere comer por sí misma.*

# 6

# La hora de la comida para los párvulos

- **La hora de la comida debe ser placentera**
- **Puede comer contigo**
- **Las porciones deben ser pequeñas**
- **Enfrentar el desaliño o desorden**
- **El párvulo necesita menos comida**
- **Presentación de comidas nuevas**
- **La comida chatarra o basura está prohibida**
- **Tu párvulo a prueba de grasas**
- **La nutrición en convivencia con familia extensa**
- **Es responsabilidad tuya**

*Si Rashad quiere algo de comer, se va a la refrigeradora y señala lo que quiere. Le encantan las frutas. Come totalmente la comida que se pone en la mesa. Yo empecé a darle por poquitos cuando tenía como nueve meses. No le gustaban mucho las papillas de bebé.*

Willadean, 17 – Rashad, 21 meses

*Todavía les gusta que yo les dé la comida de vez en cuando aunque la mayor parte de las veces comen solas. Tienen que tener exactamente lo mismo en el plato o si no, una le quita lo que la otra tiene, y esto la enfurece.*

Edie – gemelas Dora y Laura, 26 meses

## La hora de la comida debe ser placentera

Muchos adultos consideran que comer es un pasatiempo agradable. ¡Algunos lo disfrutamos demasiado! Pero para muchos niños pequeños, la hora de la comida es un lío, una lucha con la mamá y el papá.

"Cómete la comida ya".

"Un bocadito más de habichuelas".

"¡No hay postre hasta que no te comas las zanahorias!"

La hora de la comida de un párvulo no tiene que ser una experiencia desagradable para todo el mundo. Los párvulos tienen las mismas necesidades de alimentación que los demás. Necesitan alimentos nutritivos de cada uno de los grupos de alimentos (leche y otros productos lácteos, frutas, legumbres o vegetales, pan y cereales, alimentos proteínicos). Igualmente, necesitan una atmósfera tranquila y amistosa a la hora de comer. Ambas necesidades son importantes, como lo indica Esteban:

> *Nathan come bastante bien. Le gustan las legumbres. Yo me ponía nervioso cuando le daba de comer, y me parece que el niño sabe cuando tú estás nervioso, y entonces te pones más nervioso. Lo que debes hacer es procurar que todo sea divertido mientras comen.*
>
> Esteban, 18 – Nathan, 2; Ralph, 5 meses

## Puede comer contigo

Para este momento, tu hija tal vez puede comer sus comidas contigo. Con un poquito de planificación, casi todas tus comidas fáciles de masticar han de ser apropiadas para ella. Parte la carne, el pescado y las legumbres o vegetales en pedacitos del tamaño de un bocado para los pueda agarrar con sus deditos.

Si fríes algo de comer para la familia, es preferible que a tu niña se lo ases a la parrilla o se lo frías sin grasa en una sartén antiadherente. Saca la porción de ella antes de echar los condimentos o la gustosa salsa. Los alimentos que se deben evitar completamente a esta edad incluyen las palomitas de maíz ("popcorn") y las nueces o cualquier otra cosa que la pueda atorar o ahogar.

> *Susie se come todo lo que ve. Es una chanchita. Nunca ha sido melindrosa. Me parece que es porque todo el mundo [en la casa] come de todo. Nunca hemos tenido problemas de comida con ella. No la dejamos tomar mucha soda, y como es alérgica a la leche, le damos Lactaid en líquido que toma con todas las comidas.*
>
> *A menudo hay que servirle dos veces. Le encantan las hamburguesas. La comida nunca ha sido una lucha y creo que se debe a su abuelita. Aquí no tenemos muchos restaurantes de comida rápida, así que comemos mucha comida casera.*
>
> Cathi, 18 – Susie, 34 meses

Las comidas de conveniencia, como sopas enlatadas, no son tan nutritivas como las comidas que prepara uno mismo. Las sopas y otras comidas deshidratadas por lo general contienen más sal de la que debe comer un niño. Esas comidas también contienen numerosos preservantes, colorantes y sabores artificiales. Está bien servirlos de vez en cuando, pero una dieta constante de comidas ya preparadas no es especialmente buena para nadie. Tampoco lo es una dieta constante de comida rápida.

## Las porciones deben ser pequeñas

Dale porciones pequeñas. No te preocupes si da la impresión de que no come mucho. No necesita tanto como necesitaba seis meses atrás cuando crecía más aceleradamente que ahora. Diariamente necesita:

- veinte onzas de leche (21/2 tazas)
- frutas y legumbres/vegetales

• pan y cereal
• comidas proteínicas

Si no toma suficiente leche, mezcla leche en pudines y sopas. ¿Le gusta el queso?

Que el queso reemplace parte de la leche. El requesón ("cottage cheese") y el yogur también son buenos para reemplazar.

Si bien casi todos los párvulos insisten en comer por sí mismos, tal vez podría ser que de vez en cuando la tuya insista con igual vehemencia que tú le des de comer. Eso es aceptable. Puede ser que no se sienta bien, o sencillamente está cansada de comer por sí misma todas las veces.

Dale bastante tiempo para que coma. Apurarla a que coma no es su estilo. Va a comer mucho con las manos, pero para el segundo cumpleaños, podrá manejar una cuchara con mucha facilidad.

## Enfrentar el desaliño o desorden

*¡Los párvulos no comen nítidamente!*

*Cuando Derek termina de comer, termina. Mejor que lo bajes ensegui-da—porque si no, ¡desparrama la comida y salta de la silla alta!*

Laurette, 17
– Derek, 18 meses

Aprender a usar una cuchara es trabajo serio y requiere mucha práctica. Tiene que intentarlo. Si mamá insiste en que hay que ser nídido en la mesa, se va a cohibir. Mientras aprende, es imposible que sea nítido.

Cuando se come una galleta, a lo mejor la hace papilla primero. Después se la untará en la cara y en el cabello. Por supuesto que no hay motivo para que se quede en el sofá haciendo esta cochinada, pero la silla alta se puede limpiar. Extiende una capa gruesa de periódicos en el piso debajo de la silla para recoger lo que cae. Después de la comida, enrollas los periódicos y los echas a la basura. Así sólo te quedan el niño y la silla por lavar. Él es relativamente fácil de lavar, aunque posiblemente no aprecie que lo hagas. Si le das una toallita mientras tú lo limpias, a lo mejor te va a ayudar. Trata de no molestarte por la mugre.

Ciertos padres se horrorizan tanto con la suciedad producida por su párvulo a la hora de comer que prefieren que no haya nadie más por ahí en ese momento. Eso está bien.

Por ese desaseo, muchos dan de comer a los párvulos antes de servir al resto de la familia. Indiscutiblemente, esto es preferible a regañar a la criatura durante toda la comida por su absoluto desaseo normal. Si tomas consciencia de lo normal de este desaseo, y de que va a suceder a esa edad, probablemente lo vas enfrentar sin demasiada frustración.

Por ahora, tu niño probablemetne va a tomar más leche en una taza o vaso pequeño. Si le sirves sólo una cuarta parte, el inevitable goteo será menos desastroso. Una taza con boquilla produce menos goteo—lo cual significa menos frustración para ti y para tu párvulo. Le puedes servir más cada vez que lo pida. Asegúrate de que beba mucha leche.

## El párvulo necesita menos comida

Recuerda que tu niña tiene mucho menos apetito que antes. Ahora su crecimiento no es, ni con mucho, tan acelerado como esos primeros doce meses. En esta etapa es cuando muchos padres consideran que sus párvulos son "terribles para comer" o malos comensales. Se les oye decir: "no come ni un poquito":

*Meghan no es buena para comer. Prácticamente ni toca nada. Sólo quiere un vasito de leche constantemente y eso me preocupa. Se lo dije a la doctora. Ella se rió y dijo: "Ah, te puedo decir que estás pasando por la etapa divertida".*

*"¿Qué puedo hacer al respecto?" le pregunté. Me dijo que le diera a Meghan vitaminas con hierro y parece como que eso le mejoró el apetito. También me dijo que no me preocupara tanto por el asunto.*

*Yo trato de evitar las golosinas porque no me gusta darle demasiado dulce. A veces, cuando Meghan no quiere comer, pienso que es porque está muy ocupada para molestarse en comer. Sí le encanta la pizza.*

Louise, 19 – Meghan, 23 meses; Mark, 5 meses

No trates de forzarla o persuadirla para que coma. Dale porciones pequeñas de comida nutritiva. No le des dulces en absoluto. Si tiene que comer un bocadillo entre comidas, considéralo parte del plan diario de alimentación. Buenos refrigerios que no contribuirán a que tu adorable niña sea gorda cuando adulta son cosas como las zanahorias, el jugo de naranja o china, las galletas graham, la leche y las manzanas.

Si le das demasiada comida ahora, piénsalo bien, va a tener problemas con el peso cuando sea grande. A ti no te interesa que tu hija se pase la vida luchando con la grasa nociva y sin atractivo.

*Sean pica y pica mucho – ciruelas, uvas, nectarinas, duraznos. No come muchos confites ni otros dulces. No se lo permito. Eso no es bueno para los dientes y también le quita el apetito.*

Ginger, 18 – Sean, 17 meses

Si no quiere comer para el almuerzo, quítaselo con toda calma. Ella no se va a morir de hambre antes de la cena. Ten cuidado de no darle un tentempié de un puñado de galletas una hora después del almuerzo. A la media tarde, tal vez va a

*Es importante que disfrute de la hora de comer.*

estar lista para un refrigerio de una manzana u otro alimento saludable. Si se come toda la comida y pide más, dásela sin ninguna reacción emotiva. Que se coma o no se coma toda la comida no es lo que la hace que sea una "niña buena".

## Presentación de comidas nuevas

*Hay muchas cosas que no come. No le gustan los vegetales. Se los pongo en el plato todas las noches pero no se los come. Yo no le hago fuerza. Mi mamá es la que dice: "tienes que obligarlo a comer", pero yo no.*

Jessica, 17; Craig, 2 1/2

Tu párvulo da la impresión de que a él sólo le gustan ciertas comidas. Cuando le das algo nuevo, a lo mejor hasta se niega a probarlo. En vez de insistir en que "limpie el plato", sírvete tú lo mismo y muéstrale cómo se come. Sugiérele que lo pruebe. Pero si se niega, está bien. No hay necesidad de sobornar, hacer fuerza o presionar.

La investigación demuestra que los niños a quienes se
soborna para que coman cosas nuevas en el futuro se inclinan
menos a comerla que si sencillamente se les sirve esa comida
sin que haya soborno.

Vuelve a servir la misma cosa unos días después. Esta vez
podría inclinarse a probarla pero no hagas demostraciones
de ninguna clase si no lo prueba. No se logra absolutamente
nada cuando la mamá o el papá exige que el niño se coma la
comida.

En este momento, el niño tiene el control. Pero tú tienes el
control de las comidas que se sirven. No tienes por qué servir
soda u otra comida chatarra o basura en tu casa.

Sigue ofreciéndole la variedad de comida que come el resto
de la familia. A lo mejor no quiere comer legumbres. ¿Qué tal
si se las das crudas? Hasta puede obtener más vitaminas de los
vegetales crudos que de los cocidos.

Sin embargo, hasta los dos años no debes darle palitos de
zanahoria ni otras cosas difíciles de masticar porque se puede
atorar o ahogar. Puedes darle zanahoria rallada o guayada
— hasta podría gustarle meterse un puñado en la boca — y tú
quedas satisfecha porque sabes que es saludable.

Los perros calientes, salchichas o panchos pueden ser una
comida típica de EE.UU., pero, en realidad, no se les deben
dar a los párvulos por el riesgo de atorarse. Aunque les quites
la piel o las piques en rueditas bien pequeñas, tu criatura
puede atorarse con un pedazo de salchicha. Además, los perros
calientes contienen mucha grasa.

Las comidas y los refrigerios tienen que servirse más o
menos a la misma hora todos los días. Los párvulos tienen un
estómago pequeño y les da hambre un par de horas después de
una comida. Si se niega a comer durante la comida y enseguida pide un bocadillo, por lo general lo mejor es no dárselo.
Dile que tiene que esperar hasta la hora de la merienda.

Puede ser que a veces rechace cosas que antes le han gustado. Eso pasó con Lorenzo. Guadalupe y Domingo manejaron

muy bien la situación:

> *Lorenzo no comía muy bien durante cierto tiempo.*
> *No le gustaban muchas cosas. Era muy melindroso.*
> *Primero fueron los huevos, después las enchiladas,*
> *después la carne, luego el brócoli. Cada vez que yo*
> *cocinaba algo, era: "eso no me gusta".*
> *Pues yo no lo obligué a comerlo. Le preguntaba*
> *por qué no le gustaba ahora, que antes lo comía. Me*
> *contestaba: "porque ya no me gusta". Por eso no lo*
> *obligaba. Si le preguntaba si quería sopa y decía "sí",*
> *yo le daba sopa.*
> *Luego un día Domingo se levantó y preparó huevos*
> *y carne y Lorenzo comió. Nosotros nos asombramos.*
> *Pasó un poco de tiempo... Ahora ha vuelto a comer*
> *todas esas comidas.*
> *Yo estoy convencida de que un niño nunca aprecia*
> *que le hagas comer por la fuerza. Se retraerá más.*
> *Nunca quiero forzarlo a que haga algo que él no quiere*
> *hacer si en realidad no hay necesidad de que lo haga.*
>
> Guadalupe, 20 – Lorenzo, 4

Si los padres de Lorenzo hubieran hecho un espectáculo cada vez que él se negaba a comer y hubieran insistido en que comiera, probablemente Lorenzo habria decidido más firmemente que no le gustaba tal cosa. Por el hecho de que no permitieron que su disgusto temporal se convirtiera en una batalla entre ellos y su hijo, a Lorenzo se le pasó esta fase de rehusar comida.

## La comida chatarra o basura está prohibida

> *A Leah le gustan los sándwiches de queso derretido,*
> *macarrones, sopa de pollo. Come lo que comemos*
> *nosotros y, por lo general, come bastante bien. Cuando*
> *no come mucho es usualmente porque está cansada.*
> *Pero cada vez que salgo con alguien, esa persona*
> *me pregunta: "¿Leah puede comer helados? o "¿Leah*

*puede comer una galleta?" No es que no quiero que
coma esas cosas—diez minutos más tarde está hiper-
activa. Si se toma dos sorbitos de gaseosa, corre de
un lado a otro como loca. Usualmente le doy cosas sin
chocolate porque la cafeína es lo que la turba.*

Lyra, 18 – Leah, 2½

"Comida chatarra o basura" es comida que contiene po-
quísimos nutrientes pero muchísimas grasas, azúcar y calorías.
No obtienes nutrición alguna cuando consumes chatarra como
hojuelas de papa ('chips'), papas fritas, malteadas, perros
calientes, jamonadas o jamonillas, galletas, confites, rosquillas
y bebidas gaseosas.

Aleja la comida basura de tu melindroso comensal. Si no
tiene suficiente hambre para la comida, por supuesto que no
tiene necesidad de una soda, papitas, ni siquiera galletas una
hora después. Aunque una o dos galletas de avena le dan un
poquito de nutrición, un puñado de bocadillos azucarados no
va a hacer nada por él excepto arruinarle el apetito para comer
alimentos más nutritivos.

Si estás en tu propia casa, o si los que residen contigo están
de acuerdo, no tengas comida chatarra o basura de ninguna
clase. Si no hay golosinas y galletas en la alacena o sodas en
el refrigerador, tu párvulo no podrá obtener nada de eso en
la casa. Un dulce de tanto en tanto cuando no está en casa no
va a tener mucho efecto siempre y cuando tú no se los estés
dando también.

*Siempre ha comido bien. Yo le permito picar si
quiere – galletas de trigo integral con crema de
cacahuate, pero nada de comida chatarra. Yo tuve problemas con la dentadura y no quiero que ella los tenga.*

*Me parece que la comida chatarra es muy mala para
ti. Antes yo siempre comía esas cosas. Nada de colas.
Mi médico dice que si le echas coca a un carro, ¡corroe
la pintura de una vez!*

Ione, 18 – Lori, 14 meses

## Tu párvulo a prueba de grasas

Si tienes un párvulo ya demasiado gordinfloncito, no lo pongas a dieta para rebajar. Lo que debes hacer es guiarlo para que coma las cosas que dilaten un poco el aumento de peso. Haz una lista de las cosas que come en un período de tres días. Te sorprenderás de ver la gran cantidad de alimentos con alto índice de calorías que consume.

No le quites la carne, las legumbres o vegetales, la leche, las frutas ni el cereal, sus alimentos básicos. Si bebe más de un litro de leche al día, prueba a diluírsela con agua. Casi todos los médicos recomiendan que no se les dé leche descremada o semi-descremada antes de los dos años.

Estimula a tu gordito a que haga más ejercicio. Cuando salen a pasear, ¿lo metes en la carriola o cochecito? Sácalo y que camine contigo. ¿Está al aire libre lo suficiente? Puede ser que tengas que hacer un esfuerzo extra para ir al parque si no tienes patio en la casa, pero puede muy bien valer la pena.

Tanto Dawn como su hija, Mercedes, de tres años, están demasiado gordas. Los hábitos alimetarios de Dawn probablemente explican su propio problema y el de su hija. Como todos los niños, Mercedes imita a su mamá. Ella también come mucha comida chatarra, luego es "melindrosa", como dice su mamá, a la hora de la comida.

*Yo como muchísima comida chatarra, como por nerviosidad, y pico y pico todo el día. Muchos de los alimentos que uno debe comer ni siquiera me gustan. Me gustan el tocino, las papas fritas, el pan tostado con mantequilla, los huevos—pero tienen que ser preparados en grasa. Para el almuerzo, muy rara vez hago sándwiches para nosotras. Es McDonald's. Si no desayunamos, usualmente vamos a McDonald's a comer algo. Después vamos al heladero.*

*Mercedes no come lo suficiente para hacer nada. En la mañana se come un plato de cereal o dos pedazos de tocino. No le gustan los huevos y las papas no le apetecen mucho.*

*Para el almuerzo, si vamos a McDonald's, se come la mitad de la mitad de una hamburguesa más la mitad de una porción de papas fritas, tal vez la mitad de su bebida. Para la cena, a lo mejor se come unos diez pedacitos bien chiquitos de carne.*

Dawn Ellen, 19 – Mercedes, 3

Aún en McDonald's, el costo de la comida de Dawn Ellen es relativamente alto pero no obtiene gran cosa por lo que gasta. Mercedes está creciendo y desarrollándose rápidamente y necesita mejor nutrición desesperadamente. Las frutas y los vegetales deben ser gran parte de la dieta de Mercedes. Y le faltan por completo, salvo las papas fritas. Ninguna de las dos bebe leche.

*Le gusta hacerlo sin ayuda.*

A casi todos nos resulta difícil cambiar los hábitos de
alimentación. Por eso es que tantísimos adultos tienen
sobrepeso—pero si Dawn Ellen tiene ganas, ésa es la mejor
manera de ayudar a Mercedes. Puede abandonar las visitas
a McDonald's, el tocino y la grasa, y empezar a darle a
Mercedes más comidas nutritivas y de buen sabor.

Mark y Kelly Ellen comían mucha comida chatarra.
Cuando se dieron cuenta de que Dustin estaba imitando sus
desastrosos hábitos alimentarios, decidieron cambiarlos. Mark
lo explicó así:

> *Durante tres o cuatro meses Dustin tomaba cola
> todo el tiempo. Se tomaba todas las sodas. Lo mismo
> con los Twinkies y el pastel. Nosotros tomábamos
> mucha cola y había chips por todos lados.*
>
> *Entonces nos dimos cuenta de que toda esa comida
> chatarra nos costaba bastante caro y ambos estábamos
> aumentando de peso, así que decidimos hacer un poco
> de dieta.*
>
> *Ahora ni siquiera compramos sodas. Ahora estamos
> bien conscientes de lo que comemos nosotros y él.*
>
> *Ya va un año o algo así que no le damos comida
> chatarra. Aprendimos por experiencia. Si come dulces
> todo el día, se pone hiperactivo e irritable.*
>
> *La comida chatarra es como muchas otras cosas.
> Si la tienes al frente y te molesta, quítala de la vista.
> Al quitarla, explícale por qué no puede comer eso. Si
> tuviésemos una caja llena de pastel y galletas, se los
> comería. Por eso dejamos de traer comida chatarra a
> la casa.*
>
> Mark, 22 – Dustin, 21/2

Si quieres lo mejor para niño, bien te valdría seguir el
ejemplo de Mark. Esto puede ser difícil para casi todos, pero
proporcionarle buena alimentación a tu niño es un verdadero
regalo.

## La nutrición en convivencia con familia extensa

Es sorprendente la cantidad de jóvenes que hablaron sobre su preocupación porque abuelita cree que al bebé se le deben dar golosinas y otros alimentos que su mamá no considera apropiados para él.

*A Janis no le gusta comer mucho, a veces ni come nada. Así que mami recurre a cereal azucarado para que coma. Yo sé que si te esperas hasta que tenga hambre, va a comer lo que haya.*

*Le dan helados y pastillas y va a tener caries demasiado pronto. Mi mamá dice: "tiene que tener algo en el estómago", pero no es azúcar lo que debe tener.*

Darla, 17 – Janis, 2

*Shelly no pica mucho excepto cuando ve a alguien comiendo algo. Come muy pocos confites. En primer lugar, hace una cochinada y, además, no quiero que le salgan picaduras. Tampoco le doy bebidas gaseosas, sólo jugo de naranja o de manzana.*

*Todos me dicen: "Eres muy maluca, no le das confites. Cuando crezca, va a ver todas esas pastillas y se las va a comer todas".*

*Hasta mi mamá me dice que soy maluca. Hace ver que sabe más que yo. Siempre le daba pastillas a Shelly a espaldas mías.*

*Una vez estaban comiendo chocolate y yo le dije a Shelly que ella no podía comerlo. Después pasó a mi lado y tenía toda la boca manchada de chocolate. Eso me hace sentir muy mal.*

*Me dan ganas de decirles que se metan en sus asuntos solamente, pero no puedo hacerlo. Mami está haciendo eso cada vez más y me llega. Me estoy colmando y sé que en cualquier momento le voy a decir algo que no debo.*

Dixie, 18 – Shelly, 17 meses

Si esto sucede en tu casa, a lo mejor debes tratar de conversar con tu familia. ¿Podrían hacer algún cambio? Si tu familia no sabe mucho de nutrición, tal vez te convendría ayudarles con mucho tacto a enterarse de cómo se debe dar de comer a los párvulos. Existen muchos folletos cortos y bien escritos sobre el tema e igualmente libros enteros sobre el mismo tópico.

¿Consumes tú mucha comida chatarra o basura? Si le das el buen ejemplo a tu hijo comiendo comidas nutritivas, tu familia tal vez esté más dispuesta a respetar tus deseos en cuanto a la nutrición de tu hijo.

Si tú no preparas mucho de la comida, ¿podrías ofrecerte para hacer más con el entendimiento de que no le den a tu niño comida chatarra?

Naturalmente que tú conoces a tu familia y es probable que se te ocurran otras ideas para mejorar la situación.

## Es responsabilidad tuya

Tú tienes tres responsabilidades básicas en esto:

- Darle los alimentos nutritivos que él necesita.
- Ayudarle a aprender que la hora de la comida es un momento placentero y sociable. No es el momento de persuadirlo a que coma, o para argumentar con el resto de la familia.
- Ayudarle a mantener un peso saludable.

Tu ejemplo es de suma importancia en el desarrollo de los hábitos de alimentación de tu párvulo. Si eres melindrosa para comer, o si sobrevives principalmente a base de comida chatarra, puedes esperar exactamente lo mismo por parte de tu niño. Si te empeñas en comer alimentos de los grupos básicos en cada comida, es probable que tu niño también coma bien.

Cuando esto sucede, la recompensa es alta en cuanto a la salud de tu niña y su desarrollo general. Su disposición casi por seguro también será mejor porque se sentirá mejor si come los alimentos que necesita.

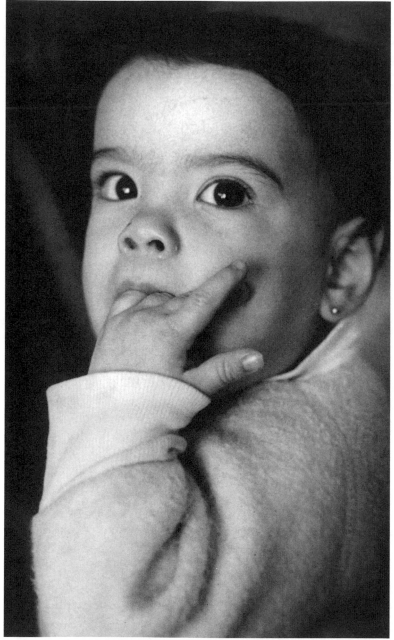

*Un ritual con mami y papi a la hora de acostarse evita  problemas*

# 7

**12 - 36 meses**

# La importancia de dormir

- Dormir/descansar es importante para los párvulos
- Importancia del ritual a la hora de acostarse
- Resolver problemas a la hora de acostarse
- No quiere estar sola
- Rutina de cada-cinco-minutos
- Despertar de noche
- ¿Debe la criatura dormir con mamá/papá?
- Hogares con mucha gente afectan hábitos de dormir
- Recuerda que la rutina ayuda

*Rashad se cansa como a las 9:30. Tiene que acostarse con mi abuelo a la hora de dormir. Mi abuelo le canta una cancioncita y le frota la espalda. Está realmente apegado a mi abuelo.*

*Si el abuelo no está en casa, se acuesta junto a mí. Cuando se duerme, siempre lo pasamos a la cuna.*

Willadean, 17 – Rashad, 21 meses

*Luciann todavía usa su consuelo. Se duerme con él en la boca. El doctor dice que se lo quitemos poco a poco, así que se lo damos sólo cuando va a dormir.*

Kiliana, 17 – Luciann, 22 meses

## Dormir/descansar es importante
## para los párvulos

Tu párvula estará menos irritable si come y duerme, o por
lo menos, descansa, a horas regulares. Tú también necesitas
tiempo para ti misma. Las siestas de ella las van a beneficiar a
ambas.

Casi todos los párvulos siguen durmiendo siestas relativamente largas. Pero hay algunos que no quieren sestear. Es
mejor que tu niña se acueste de todos modos, con su peluche
favorito y unos cuantos libros. Si no se duerme, una hora de
juego tranquilo la va a refrescar para el resto del día.

La mayoría de los párvulos no se duermen gustosamente.
Llenan su día con actividades y están sumamente cansados
en la noche. Aun así, se resisten a acostarse, especialmente si
otros en la casa se quedan despiertos hasta tarde. La verdad es
que mientras más cansados están, más les cuesta dormirse.

A veces, alrededor de un año, un bebé que se dormía fácilmente, de repente empieza a tener dificultad para dormir. A lo
mejor se resiste a lo que sea antes de acostarse. A esta edad,
disfruta de la compañía de sus padres y no quiere apartarse de
ellos. No quiere estar solo.

Cuando los párvulos llegan a la etapa del "yo solito", junto
con muchos "no", la hora de acostarse puede convertirse en
problema una vez más.

*La hora de acostarse es una lucha. Henry no se*
*acuesta antes que yo y no se queda en su cuna. Los*
*últimos dos meses ha estado en la cama conmigo. Si lo*
*pongo en la cuna, llora y se sale. Se duerme conmigo y*
*después lo llevo a la cuna.*

*Se baña después de la cena. Le pongo sus piyamas y*
*lo preparo. Entonces quiere salir y se ensucia otra vez.*

*Se acuesta cuando nosotros nos acostamos, pero*
*a las 6:30 de la mañana no se quiere levantar. Hoy lo*
*llevé a la escuela dormido, no pude despertarlo.*

*Antes se acostaba más temprano. Creo que el cambio ocurrió cuando dejó de tomar el biberón y empezó a jugar más al aire libre.*

Olivia, 20 – Henry, 23 meses

Henry es como casi todos los párvulos. Está tan atareado jugando y aprendiendo cosas sobre su mundo que no quiere tomarse el tiempo para dormir. Sus padres deben decidir a qué hora consideran que se debe acostar y después prestar atención para que lo haga a esa tal hora.

Preparar a Henry para que se acueste y luego permitirle que salga a jugar no le ayuda a que se aquiete para dormir. Si lo bañan un poquito más tarde y elaboran una rutina más completa para acostarse, tal vez se duerma más fácilmente.

Probablemente Henry estaría más dispuesto a levantarse e ir a la escuela si se acostara más temprano. Tal vez Olivia podría cambiar su propia rutina y acostarse una hora antes en vez de permitirle que se quede hasta que sus padres se acuesten. Un ritual que él disfrute serviría de mucho.

## Importancia del ritual a la hora de acostarse

*Antes de acostarse, Dalton ve uno de los videos de animales por unos treinta minutos. Después jugamos con él unos treinta minutos, le cepillamos los dientes y le leemos varios libros. A veces le gusta que le froten la cabeza o la espalda o la barriga.*

*Yo trabajo tres o cuatro noches por semana, así que su papá sigue la misma rutina con él. Esto funciona bastante bien.*

Claire, 17 – Dalton, 33 meses

Los padres a menudo establecen una rutina para dormir entre los seis y ocho meses de la niña. Se dan cuenta de que esto sirve para que se acueste sin mucha lucha. Si esto no funciona muy bien por el momento, la solución es un ritual más complicado para la hora de acostarse.

Jugar tranquilamente, un bocadillo, un baño relajante y
mirar un libro, tal vez con una o dos nanas o cancioncitas
intantiles, podrían ser parte de un buen ritual para que la niña
se duerma. Prender una lucecita nocturna o tocar música suave
también puede servir.

Una niñita prefería un canto de su mantita y se frotaba con
él la frente mientras se chupaba el dedo. Para sorpresa de los
padres, la niña identificaba ese cantito hasta en la oscuridad.
Muchísimos párvulos necesitan esa mantita especial cuando se
acuestan:

> *Derek a veces me vuelve loca cuando no se quiere*
> *dormir. Tiene una mantita sin la cual no se acuesta. La*
> *ha tenido toda su vida. Todo el mundo le llama Linus.*
> *Le digo: "¿Dónde está tu mantita?" y va y la trae.*
>
> Laurette, 17 – Derek, 18 meses

Seis meses atrás, a lo mejor le leías, la mecías unos cuantos
minutos y la acostabas con su osito de peluche. Ahora tiene
que beber algo antes de besarte, no antes. A lo mejor quiere
el mismo cuento todas las noches. Tal vez tiene que darles
las buenas noches a todos sus juguetes. Cualquiera que sea tu
rutina, ¡pobre de ti si no la sigues!

Este ritual, si considera que ella tiene el control, puede ser
un buen arreglo. Tú obtienes lo que quieres cuando se acuesta
sin que haya una gran lucha. Cada una cede un poquito. Tú te
tomas el tiempo para seguir el ritual con ella, y ella se acuesta.
Así que no trates de cambiar ese cuento de vez en cuando
porque tú estás aburrida. Es importante para ella.

> *Juanito empezó a dormir toda la noche a los tres*
> *meses. Le gusta un vaso de leche de chocolate antes*
> *de acostarse, un cuento y entonces acostarse para las*
> *9:30. A veces es difícil porque me gusta ver TV, pero él*
> *no se acuesta si lo hago. Entonces apago la TV y todas*
> *las luces unos treinta minutos y él se duerme.*
>
> Kashira, 19 – Juanito, 4

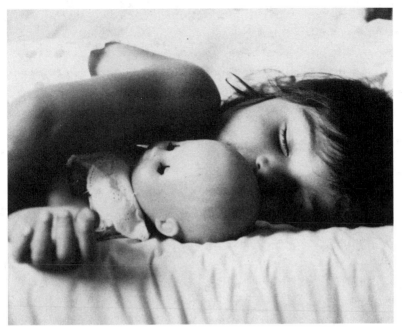

*Su muñeca favorita le ayuda a aquietarse y dormirse.*

## Resolver problemas a la hora de acostarse

Si para tu niña ya es problema acostarse, la solución tal vez no va a ser fácil. Una madre joven cuyo esposo se enlistó en la armada se mudó a casa de sus suegros por dos meses. Después pensó que ella y su hija estarían mejor en su propia casa. Pero Esperanza no se adaptó a volver a su casa tan bien como su madre lo hubiera deseado:

*Juanita es una llorona. Está muy consentida porque he estado en casa de Rubén. Allá le prestaban mucha atención. Cuando volví a mi casa, yo no podía prestarle la misma atención por todos mis quehaceres. No se queda en la cuna para la siesta. Lo que hace es gritar. Yo o la saco y la pongo en la sala o la dejo sola a que grite.*

*Antes dormía tres o cuatro horas por la tarde. Allá dormía sólo 45 minutos o algo así. Antes, siempre*

*estaba contenta, pero ahora no. Ha cambiado y no
tengo idea del porqué.
Cuando Juanita tenía cuatro meses yo me apegué
mucho a ella porque Rubén no estaba. Siempre la tenía
a mi lado y pasaba todo el tiempo con ella.
Ahora detesta la cuna pero yo detesto tenerla en
la cama conmigo. Duerme mucho conmigo. Cuando
Rubén regrese, supongo que la dejaré dormir con
nosotros.
La debería dejar que se acostumbrara a su cuna y
dejarla llorar.*

Esperanza, 17 – Juanita, 12 meses

Juanita ha tenido más cambios de los que le gustarían
durante su primer año de vida. En primer lugar, papi estaba
en casa. Después se fue. Luego Juanita y mami se mudaron
a casa de una familia donde había una abuelita, un abuelito y
varios jóvenes — tías y tíos. Ahora está en su propia casa con
su mamá y la otra abuelita que no está en casa casi nunca.

No está segura de lo que está pasando en su mundo. En
primer lugar, necesita una enorme cantidad de cariño por parte
de su mamá. Pero su mamá se siente sola y descontenta por
la ausencia de papi. Es una situación difícil desde cualquier
ángulo.

Si Esperanza quiere realmente que Juanita duerma en
la cuna, tal vez debe insistir una y otra vez en que Juanita
duerma en ella. Al mismo tiempo, Esperanza tiene que pasar
mucho más tiempo con Juanita y esforzarse mucho más para
lograr que Juanita se sienta segura.

## No quiere estar sola

Si una bebé llora cuando la acuestan, probablemente se
debe a que no quiere estar allí. No quiere estar allí porque no
quiere estar sola. Preferiría infinitamente estar en la sala con
sus padres. Se puede sentir un poquito abandonada cuando
está en la cama solita y mamá y papá han cerrado la puerta

completamente.

Una "solución" que a menudo ocurre es que cuando una bebé llora la sacan de la cama, con la esperanza de que dentro de un rato se aquiete lo suficiente para poder dormir. Con este método, ella sabe que puede estar contigo. Aprende que si llora, se puede levantar. ¿Por qué se va a acostar mañana sin lucha alguna?

La "solución" opuesta es cerrar la puerta más firmemente y dejarla sola para que llore. Unos cuantos minutos de llanto no le van a hacer daño. Si está lo suficientemente cansada se dormirá, exactamente lo que tú quieres.

Sin embargo, ciertos párvulos lloran y lloran por un par de horas si los dejan solos. A lo mejor se duermen por agotamiento, pero probablemente no van a dormir bien después de tal tormento. Ésta es la clase de llanto que describe Esperanza. Su solución fue permitir que Juanita durmiera con ella en su cama. Pero ésa no era la solución deseada por Esperanza.

## Rutina de cada-cinco-minutos

Una aproximación sensata, si tu niña tiene por lo menos diez meses, sería una combinación de los dos primeros métodos. Cuando llora, anda a verla. Dile "hasta mañana", dale una palmadita en la espalda y vete del cuarto. Vuelve a verla cada cinco minutos, para darle confianza, hasta que se duerma.

A lo mejor llora una hora más, pero sabe que no la has dejado sola porque la vas a ver cada cinco minutos. También está consciente de que no la vas a sacar de su cuarto después de la hora de acostarse.

De acuerdo con Penelope Leach, autora de *Your Baby and Child from Birth to Age Five* (1997: Alfred A. Knopf), este método casi siempre da resultado. En una semana, a más tardar, tu párvula va a aceptar mucho mejor su hora de acostarse.

¿Por qué hacer tanto enredo? ¿Por qué no dejar que se quede despierto hasta que él mismo decida que ya puede acostarse? Como se ha dicho anteriormente, casi todos los párvulos se agotan antes de dejarse vencer por el sueño. Un párvulo cansado, por lo general es un párvulo afligido.

Una mamá joven en nuestro programa escolar de crianza describió el problema que tenía para que su hijo de 14 meses se acostara y durmiera toda la noche. Despertaba una y otra vez. No se dormía sino hasta bien tarde. Por pura desesperación, a menudo lo dejaba quedarse despierto mucho más tiempo del conveniente para él o para sus padres.

Yo le sugerí que probara el método de cada-cinco-minutos y palmadita-en-la-espalda como una posible solución.

Dos días después Jamie regresó e informó que la rutina de cada-cinco-minutos le había dado resultado. Y añadió: "¡Yo estaba tan agotada después de esas dos noches que no me pude parar para venir a la escuela!" La tercera noche, según ella, Austin se durmió a los veinte minutos de acostarse.

## Despertar de noche

*Lorenzo duerme muy bien pero de vez en cuando se despertaba con pesadilla. Decía que unos monstruos lo*

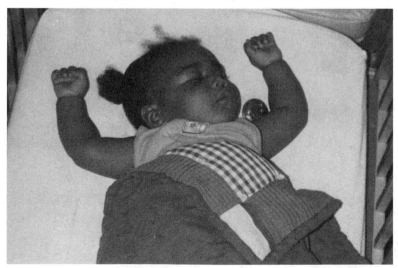

*Dormir lo suficiente es importante tanto para ti como para tu niño.*

*estaban persiguiendo. Yo lo oía llorar y me levantaba y trataba de despertarlo lo suficiente para que se saliera de ese sueño.*

Guadalupe, 20 – Lorenzo, 4

Tu párvulo a lo mejor tenga una pesadilla de vez en cuando. Después de haberse dormido, lo oyes gritar. Cuando lo observas, a lo mejor está pateando o moviéndose agitadamente. Necesita que lo tranquilices con tu presencia, que le digas que fue sólo un mal sueño. Quédate con él y háblale un minuto. Tal vez quiera un vasito de agua. Cuando se calma y ya no tiene miedo, dile "hasta mañana" y vuelve a tu cama.

En ciertas ocasiones unas madres jóvenes mencionaron que les daban mamila, mamadera o biberón a sus niños de un año varias veces en la noche. Si a un niño se le da una mamila a la hora de acostarse, no necesita nada más de comer. Una vez más, recuerda el peligro de las caries dentales si tu niño se duerme con una mamadera llena de leche.

Si se despierta, en vez de darle un biberón, dale una taza/un biberón con agua o un chupete o consuelo. Dile "hasta mañana" y aléjate. Si sigue llorando, haz la prueba de la rutina de cada-cinco-minutos durante una semana. Vas a sentirte agotada, pero si el niño empieza a dormir toda la noche, piensa en cómo te vas a sentir de mejor la semana siguiente.

Como vive en un apartamento, Mariaeliza se preocupaba por no molestar a los vecinos:

*Se despierta a la 1 de la madrugada y quiere ver TV o jugar conmigo. Si no le pongo una película, llora y grita y nuestro apartamento es el de arriba. Así que juego con él un ratito. Unas cuantas veces le he permitido ver una película porque estoy muy cansada. Es difícil dejarlo llorar cuando hay otras personas en los alrededores.*

Mariaeliza, 17 – Vincent, 3

A lo mejor Mariaeliza podría hablar con sus vecinos. Si ella siguiera la rutina de cada-cinco-minutos, ¿podrían ellos soportar su llanto unas pocas noches? Vale la pena hacer el intento.

## ¿Debe la criatura dormir con mamá/papá?

*Donovan siempre ha dormido bien en su cuna en su cuarto. Pero ahora ha empezado a llorar y llorar cuando se acuesta. Yo me acuesto a su lado un rato, pero últimamente quiere dormir conmigo. Quiero que sepa que tiene su propia cama y que allí es donde debe dormir.*

Belia, 17 – Donovan, 2

¿"Debes" dormir con tu niño? Casi todos los expertos en desarrollo infantil en nuestra cultura dicen "no". Sin embargo, hay quienes creen lo contrario. Ciertos padres consideran que es más fácil dormir con el párvulo. Tal vez es que les gusta tener a la criatura dormida a su lado en su cama. Si todo el mundo puede dormir bien, eso no importa.

Pero pueden existir otros problemas. Podría ser que o el padre o la madre no pueda descansar lo suficiente. Naturalmente que también está la privacidad. Los niños no deben observar las relaciones íntimas.

Además, una vez que se establece este patrón, puede ser muy difícil terminarlo. Varios padres jóvenes entrevistados describieron el problema de que su criatura durmiera con ellos.

*Una cosa que me hubiera gustado no haber hecho es dejar que Heidi durmiera conmigo. De recién nacida, me la llevé a la cama conmigo. No le gustaba mucho su cuna. Dormía conmigo toda la noche y mi mamá me decía: "Tienes que acostarla en esa cuna o jamás va a dormir allí".*

*Tenía razón ella. Como a los cinco meses la acosté en su cuna para que durmiera sola. No le gustó eso para nada, pero unas pocas semanas más tarde ya iba*

El reto de los párvulos                                          107

*bien. Dennis se opone firmemente a que Heidi duerma*
*con nosotros.*
*Tengo una sugerencia para madres de recién naci-*
*dos. Si dan el pecho y tienen al niño en la cama con*
*ellas, deben darle de comer y después acostarlo en su*
*propia cama.*

Jenny, 18 – Heidi, 13 meses

## Hogares con mucha gente afectan hábitos de dormir

A veces en una casa donde hay muchos se crean más
problemas por la llegada de un bebé. La abuelita a lo mejor
quiere que se sigan las mismas reglas que ella recuerda haber
seguido con sus propios hijos cuando niños. Si el bebé tiene
que compartir la habitación con otros miembros de la familia,
las cosas se complican:

*Mi mamá no me molesta pero me está haciendo*
*sentir como que yo no sé lo que estoy haciendo, como*
*si yo fuera una chiquilla. Por ejemplo, Shelly nunca se*
*acostumbró a la cuna.*
*Shelly comparte un cuarto con mi prima y entran y*
*salen, prenden la luz, y la despiertan. Entonces yo me*
*la llevo adonde duermo yo y mi mamá me dice que más*
*adelante voy a tener un problema.*
*Yo le digo que no puedo hacer nada más, que yo*
*tengo que dormir para poder ir a la escuela. La niña*
*duerme allí unas dos horas, pero no toda la noche.*
*Si Shelly tuviera la habitación para ella sola, yo la*
*dejaría tranquila.*

Dixie, 18 – Shelly, 17 meses

Pareciera como que Dixie ha encontrado una buena solución. Tal vez convendría que compartiera con su mamá sus
razones para sacar a Shelly de la habitación. Hasta podría
pensar en llevarse la cuna de Shelly para su cuarto.

Sería deseable que una madre y su hjo pudieran tener habitaciones aparte, pero a menudo esto no es posible. Shelly podría dormirse más fácilmente si su rutina incluyera acostarse en la cuna en el cuarto de Dixie. Esperar que un párvulo se duerma mientras otros niños entran y salen de la habitación es esperar lo imposible.

A veces una madre considera que no tiene más opción que dormir con su bebé. No hay ningún otro lugar.

*Gary se despierta como tres veces todas las noches. Le doy una mamila y le cambio el pañal. Duerme conmigo.*

*No tenía otra alternativa. Yo no lo quería, pero nos mudamos aquí cuando él tenía como 11/2 meses y entonces no había aquí lugar para la cuna. Tuve que guardarla, y él tuvo que irse a dormir conmigo. Luego, hace un mes, mi hermana se mudó de la casa y ahora había lugar para la cuna. Yo la saqué pero él no quiere dormir en ella.*

*Está realmente apegado a mí por la noche. No se duerme hasta que yo no me duerma. Ojalá que se cure de eso.*

Jan, 15 – Gary, 12 meses

Aunque Gary ya se ha formado un fuerte hábito de dormir con su mamá, Jan tiene tres opciones. Puede dejar que siga durmiendo con ella. A lo mejor se curará, como ella desea. El peligro de esto es que su mamá puede decidir más adelante, así de repente, que no lo quiere en la cama con ella. En ese caso puede ser aun más difícil hacerlo dormir en otro lado.

Lo puede dejar dormirse en la cama de ella, luego lievarlo a la cuna de él. Si elige este método, le debe informar de lo que va a hacer. Podría decirle: "puedes dormirte en mi cama. Cuando estés dormido, te voy a llevar a tu propia cama donde vas a dormir el resto de la noche".

Otra solución es insistir en que duerma en su cuna desde

ahora. Jan podría seguir la rutina de cada-cinco-minutos descrita anteriormente. Podrá ser difícil tanto para ella como para Gary, pero bien valdría la pena hacerlo.

Brigette encontró una solución relativamente sencilla a un problema similar:

> *Rudy ha dormido conmigo por lo menos tres cuartas partes de su vida. Llegó al punto en que no se podía dormir si yo no estaba en la cama con él. Yo me quedaba en la cama con él como una hora, hasta que se quedaba dormido. Yo recomiendo enfáticamente que no duermas con tus chicos, excepto cuando están enfermos, por supuesto.*
>
> *Ahora me voy a casar con John y no quiero que John lo tenga que echar de mi cama. Una amiga me sugirió que le comprara una cama nueva e hiciera toda una alharaca por eso. Me dijo que lo debía hacer mucho antes de mi boda. Así, cuando me casara, ya todo estaría arreglado.*
>
> *Le compré a Rudy una cama juvenil. Estaba fascinado y la cosa surtió efecto. Ahora se duerme solito en su propia cama.*
>
> Brigette, 22 – Joy, 4; Rudy, 3

## Recuerda que la rutina ayuda

Ayudarle a aprender a comer y dormir a horas regulares casi por seguro va a mejorar la disposición de tu niña. La verdad es que una párvula "consentida" que lloriquea y generalmente reclama mucho puede mejorar considerablemente si se le asigna un horario razonable.

Con planificación cuidadosa y deseos de crear una rutina para la hora de acostarse de un niño, y si se sigue la rutina todas las noches, la hora de acostarse puede ser una experiencia placentera tanto para ti como para tu niño. Podría hasta ser un momento de especial intimidad entre ambos, un momento que los dos pueden apreciar.

*Disfruta de los libros –contigo y ella solita.*

# 8

# Tu asombroso niño de dos años

- **Nuevo mundo de aprendizaje**
- **Su primera maestra**
- **Léele una y otra vez**
- **"Te quiero, mami"**
- **¿A acostarse, a dormir?**
- **Nada de altercado durante la comida**
- **"¿De dónde vienen los bebés?"**
- **Aprender a usar el inodoro**
- **Dificultad para aceptar cambios**
- **Todavía más paciencia**
- **Triunfo – para ambos**
- **Tú eres su ejemplo o modelo**

*Johnie ya no es un bebecito – es su propia personita. Tiene su propia personalidad. Ya no le gusta que yo haga nada para o por él y es más exigente. Si quiere algo, lo quiere en el acto.*

*Yo ansiaba que hablara y ahora no para de hablar. Quiere saber sobre muchísimas cosas.*

*¿Sabes cómo cuando son pequeños, quieren que los carguen? Ahora no quiere que lo agarre. Ahora quiere caminar. A veces me da tristeza que no quiere que le haga muchas cosas.*

*Me imita mucho. Cuando hago mi tarea, él quiere su lápiz y su libro y se sienta conmigo. Si yo digo una palabra fea, por seguro que él la repite.*

Natalie, 17 – Johnie, 26 meses

## Nuevo mundo de aprendizaje

Todo un mundo nuevo se le abre a tu párvula entre el segundo y el tercer cumpleaños. No sólo ha aprendido a caminar y correr sino que está dominando otras destrezas. Puede saltar y puede montar varios juguetes con ruedas. Ya empieza a vestirse y desvestirse sin ayuda. Come su comida con poquita ayuda y juega con sus juguetes de manera mucho más compleja. Le gusta colorear con creyones y pintar.

Le gusta imitar las actividades tanto de adultos como de otros niños. Va a imitar el comportamiento que tú quieres así como la manera en que tú no quieres que se comporte.

*Kalani a veces le ayuda a mi mamá a limpiar cuando están afuera. Agarra una escoba y trata de barrer con ella. Cuando Laramie hace una gran cochinada, ella trata de pararlo.*

Lynnsey, 19 – Laramie, 1; Kalani, 2

Puede hablar y aprende palabras nuevas a paso acelerado. Entiende casi todo lo que se le dice si se le dice de manera sencilla, pero no siempre lo va a interpretar correctamente. Su experiencia con el lenguaje es limitada. Puede parecer desafiante porque no entiende lo que tú quieres.

## Su primera maestra

*Yo le leo mucho a Leah. Ella abre el libro y lee solita también y conversa con sus muñequitas.*

*Leah habla muy bien, como si tuviera tres o cuatro años. Me parece que habla tan bien porque nosotros le hablamos y le leemos. No es que despertó un día y empezó a hablar de esa manera.*

Lyra, 18 – Leah, 2 1/2

¿Piensas ser maestra? Sea sí o sea no, ya lo eres. Tú eres la primera maestra de tu niño, la maestra más importante. Si ha estado en una guardería para pequeñitos o si asiste a la pre-escuela, tienes ayuda en tu labor de maestra. Probablemente todavía tu niño está contigo más horas del día que las otras maestras. Además, tú significas más para tu niño que cualquiera de las otras maestras.

> *Es bien chispa. Siempre quiere saber y conocer co-sas nuevas. Siempre pregunta "¿por qué?" Yo trato de explicarle de modo que ella entienda.*
>
> *Observa todo lo que yo hago ahora y lo copia. Me cepillo el cabello y ella quiere cepillarse el de ella. Quiere cepillarse los dientes cuando yo me cepillo los míos.*
>
> Shalimar, 19 – Ellie, 2 1/2

Háblale cuando explora. Comenta sobre las cosas a su alrededor. Cuando lo sacas a pasear, dale una bolsa para que recolecte tesoros – una piedrita, una pluma, una florecita de diente de león. Cuando regresas a casa, háblale de todos esos objetos. Ahora también puedes empezar a hablarle sobre las cosas que sucedieron ayer y los planes para mañana porque ya empieza a entender el concepto de tiempo.

## Léele una y otra vez

> *Por la noche escogen los libros que quieren que les lea y yo se los leo. Shawna más o menos se sabe el cuento porque casi siempre escoge el mismo libro todas las noches. Sus favoritos son los libros del Dr. Seuss. Antes de que le apague la luz, quiere mirar el libro ella misma.*
>
> *Desde que estaba chiquita, hasta antes de hablar, la he llevado a la biblioteca cuando hay programas de lectura. Empecé a hacerlo a los seis meses.*
>
> *Ahmud se pone celoso cuando me ve leyendo, así que ahora se sienta y también escucha. A veces se aburre y*

*Leer es una parte importante del ritual de la hora de acostarse.*

*se va y mira su propio libro. Después regresa y quiere que se lo lea.*

Mary, 21 – Shawna, 4; Ahmud, 20 meses

Leerle a tu hijo con regularidad, una y otra vez, es importante para su deleite y el tuyo. Además, es una forma importante de ayudarle a que desarrolle bien el cerebro.

Sea que en casa tengas o no tengas libros para tu niño, visiten juntos la biblioteca pública. Averigua cuándo son las horas de cuentos. Ciertas bibliotecas tienen horas de cuentos infantiles hasta para los recién nacidos.

Ayuda a que tu hijo esté consciente desde edad temprana de que las bibliotecas son lugares extraordinarios. De allí puede sacar los libros que tú le vas a leer primero y después, cuando esté un poquito más grande, él puede leerte a ti.

Mary explica por qué les lee a Shawna y Ahmud todas las noches, aunque no tenga ganas:

*A veces estoy cansada y preferiría no tener que leer, pero no quiero que crean que uno no lee porque está cansado. Por eso leemos de todas maneras. Cuando*

*estén en la escuela no van a poder dejar de leer sólo*
*porque estén cansados.*

Mary

El desarrollo de destrezas del lenguaje es tal vez la tarea
más importante de tu niña este año. Tú le ayudas cada vez que
hablas y cantas con ella, cuando le cuentas cuentos y le lees.
Igualmente, le ayudas cuando la escuchas. Dale alas para que
te cuente sus cuentos. Dile que te cuente el libro que le has
leído todas las noches durante el mes. ¡A lo mejor hasta se lo
sabe de memoria! Por supuesto que no puedes esperar que sea
capaz de leer realmente hasta varios años más adelante.

Observar y escuchar a tu niña mientras desarrolla su
habilidad para hablar es emocionante. ¿Recuerdas a la bebé
que sólo podía comunicarse contigo por medio del llanto? ¡Ha
llegado bien lejos!

## "Te quiero, mami"

Lo más seguro es que te emocionas cuando tu párvulo
dice: "te quiero". A todos los padres les gusta escuchar esas
palabras. Pero los párvulos son personitas emotivas cuyos
sentimientos cambian rápidamente. Ese "te quiero, mami" se
puede convertir en "te odio" diez minutos más tarde porque
no le permitiste hacer algo que él quería hacer. Tal vez vas a
sentirte herida o a enfadarte la primera vez que sucede.

*"Mickey dice "no" y me dice que ya no soy su*
*amiga. Yo le digo que yo sí soy su amiga y que todavía*
*lo quiero.*

*Él entonces me dice: "no, tú no eres mi amiga" y*
*se va. Unos minutos más tarde regresa y decide que sí*
*somos amigos.*

Susan, 20 – Mickey, 21/2; Felicia, 11 meses

En vez de mostrarle tu enojo, asegúrale que lo quieres
mucho y que sientes que se sienta de esa manera en este
momento. Por supuesto que no lo vas a dejar patear o hacerte

daño cuando está bravo—ni en ningún otro momento. Dale la oportunidad de expresar lo que siente, si quiere hacerlo. Tu paciencia y reacción calmada le ayudarán a bregar con su cólera.

## ¿A acostarse, a dormir?

La fatiga, o cansancio, es otro factor que influye en el comportamiento. Los párvulos son muy activos y se cansan rápidamente. Muchos rehusan dormir siesta. Una simple fatiga y disturbio del horario de dormir es la raíz de muchos problemas de comportamiento. Reconocer esto y ajustar las expectativas puede simplificarle la vida a todo el mundo.

Si tu niño no se duerme apenas se acuesta, no significa necesariamente que no necesita descansar. Es mejor para casi todos los niños de dos años seguir con la rutina de la siesta por la tarde.

Si no quiere dormirse, dile que está bien. Puede jugar tranquilita en la cama. Dale unos cuantos libros y un juguete que no haga ruido. Que juegue ahí una hora. A lo mejor quiere un relojito anunciador para levantarse cuando suena. Es casi seguro que se va a dormir. Si no se duerme, de todos modos descansa lo necesario.

Tú también vas a apreciar la hora de tranquilidad. Tal vez puedes tomarte una siesta al mismo tiempo. Si estás algo impaciente con tu niña, una siesta para ambas puede ser lo indicado.

## Nada de altercado durante la comida

Todos queremos que la hora de la comida sea agradable. Los altercados a esa hora estropean el apetito de todo el mundo. Éste es el momento, ahora que está pequeño, de que tu niño adquiera el hábito de la hora placentera para comer. Empeñarte en que el niño coma de todas maneras no va a dar ningún resultado.

Casi todos los párvulos aumentan sólo de tres a cinco libras entre los 12 y los 24 meses y de tres a cinco más para los tres años. Es importante que entiendas que este crecimiento es más lento y que por eso tu párvulo no tiene la necesidad de comer tanto como crees tú.

Los párvulos pueden pasar por etapas en que sólo quieren comer unas pocas cosas determinadas. Una dieta limitada está bien siempre y cuando sea balanceada. Trata de que ingiera algo de cada grupo de alimentos diariamente (leche, proteína, frutas, vegetales, pan y cereal). La dieta de la criatura te puede parecer monótona pero eso no importa.

Los niños a quienes se les sirven alimentos nutritivos y muy poca comida chatarra tienden a comer cuando tienen hambre. Si no tienen hambre, probablemente es que, de todos modos no deben comer. ¡Así que no regañes! Por lo contrario, habla durante la comida de lo que está sucediendo hoy.

Si sólo están tú y tu niño, puedes hablar de la forma y el color de la comida, cómo se preparó, de dónde proviene la leche y otros tópicos que le puedan interesar. Si hay otros presentes, la conversación no va a ser tan centrada en el niño, pero aún así puede centrarse en las cosas placenteras del día.

## "¿De dónde vienen los bebés?"

A lo mejor tu bebé empieza a hacer preguntas de tipo sexual. Si es así, hazle saber que aprecias sus preguntas y luego contéstaselas de manera que él entienda. Cuando pregunta: "¿De dónde vienen los bebés?" tú podrías decirle: "Los bebés crecen en un lugar especial en el cuerpo de la mamá".

Si pregunta cómo entró el bebé dentro de la mamá, le puedes decir que una mamá y un papá juntos hacen a un bebé. Le puedes explicar que el semen del papá entra en la mamá por medio del pene del papá.

A veces las niñitas se preocupan porque no tienen pene y los niñitos se preocupan porque su pene se les puede caer. La explicación es que los niños y las niñas se hacen de manera diferente. Dile los nombres correctos para los genitales.

118 asombroso niño de dos años

Menciónalos de la misma manera que mencionas otras partes del cuerpo.

Todos los varoncitos y las mujercitas manipulan sus genitales. Cuando lo hacen y se dan cuenta de que eso los hace sentir bien, puede ser que se masturben. Esto no les hace daño. Es algo normal y lo sensato es que lo ignores. Una madre o un padre que le dice a su criatura que la masturbación es mala, puede hacer que se considere atrevida, o que crea que el sexo o los sentimientos sexuales son malos. Éste no es un enfoque realista ni saludable.

## Aprender a usar el inodoro

*Ahora tiene 30 meses. Aprender a usar el inodoro es muy difícil en este momento. Le encantan los pantaloncitos de adiestramiento y dice que es un niño grande cuando los lleva puestos*

*Él sabe por qué tiene que ir al inodoro, pero tiene miedo cuando se trata del #2. La cosa anduvo muy bien como unos dos días. Se esforzaba mucho, pero a veces se ponía a llorar. Yo lo dejaba allí y él corría y se orinaba en la alfombra.*

*A veces va al baño y dice: "Quítame los pañales". Orina con su papá, pero no está preparado para el #2. A veces los fines de semana lo dejo ponerse su ropa interior y él se lo dice a todo el mundo. Pero si tiene que orinar, se orina en los pantalones.*

*Jessica, 17 – Craig, 2 1/2*

Este pequeño muestra muchas señas de estrés y sus padres también. Quiere lograrlo y complacer a sus padres pero realmente no está en capacidad de hacerlo. Valdría la pena esperar un mes o dos y después volver a enseñarle. Para entonces es posible que haya desarrollado la habilidad de retener sus orines o soltarlos a voluntad.

También tendrá más capacidad para controlar sus intestinos, es decir, sus defecaciones.

Los varoncitos a menudo tardan más en aprender que las mujercitas. Muchos no pueden aprender sino hasta los tres años o hasta después. Es mucho menos estresante y más productivo no intentar enseñarle a usar el inodoro hasta que esté listo desde el punto de vista del desarrollo.

*Estamos tratando de enseñarla a usar el inodoro. En realidad, no hay apuro, pero quiero que entienda. Le digo: "mami tiene que hacer pipí" y ella me lleva al baño. Sabe cómo bajar la cadena. A veces se va a la bacinilla y todos la aplaudimos.*

Liliana, 17 – Luciann, 22 meses

Con frecuencia, a un niño le gusta usar el inodoro al principio. Puede ser que le gusten los nuevos pantalones de adiestramiento o la sillita con bacinilla, pero la atención extra es probablemente lo más importante. Tal vez pierda interés cuando el asunto se vuelve rutina. Volver a ponerle pañales y empezar otra vez un mes o un poquito más tarde puede ser una buena idea.

Si puedes relajarte en cuanto a la enseñanza para usar el inodoro, será más fácil para todo el mundo. Para una presentación más a fondo sobre este tópico, consultar *La disciplina hasta los tres años* por Lindsay y McCullough.

## Dificultad para aceptar cambios

*Los últimos dos días Ellie me ha querido a su lado todo el tiempo. Quiere estar conmigo las 24 horas. Su papá se fue hace dos meses; ella está más contenta ahora, pero creo que eso la hizo sentir un poco insegura.*

Shalimar

Ellie tal vez está "más contenta ahora" que su papá se fue, pero al mismo tiempo, no hay duda que lo echa de menos. Necesita atención extra por parte de su mamá durante un tiempo. Por distintas razones, tu niño puede hacerse más dependiente de ti como a los dos años, especialmente si tienes

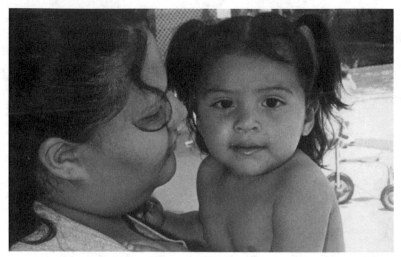

*Los grandes cambios son difíciles para los párvulos.*
*Necesita a su mamita.*

que separarte de él por ratos. A los niños de esta edad se les
dificultan los cambios que afectan su vida. Si tienes que dejar
a tu niño con una niñera, dale tiempo con la persona para
que se ajuste a ella antes de que tú te vayas. Un gran cambio,
como su papá ausente o hasta una mudanza de la familia a
otra casa puede ser especialmente difícil para tu párvulo.

Si te vas a mudar, prepárate por adelantado. Habla con tu
niño sobre eso. Cuando empaques, él puede empacar algunos de sus juguetes en una cajeta. Es posible que tengas que
volverlos a empacar más tarde pero si él es parte del proceso,
el asunto le parecerá menos extraño.

Dile cómo los muebles y la ropa, y especialmente los
juguetes, van a ir de un lugar a otro. Explícale cómo va a
ser la nueva casa y dónde va a dormir y jugar. Si es posible,
muéstrale el lugar por adelantado. Mientras más familiarizado
esté con el proceso, menor será su ansiedad.

Los párvulos se sienten más seguros cuando su vida tiene
una rutina fácil de predecir. Quieren dormir en su propia cama
con una mantita especial o un peluche. Mamá o papá podría
ser la única persona que los puede hacer dormir sin lágrimas.

La misma situación puede darse con la comida. Quieren una rutina predecible.

## Todavía más paciencia

A veces tu niña de dos años puede parecer pegada y dependiente, pero otras veces va a insistir en hacer las cosas a su manera:

> *Si se le mete algo en la cabeza, lo va a hacer aunque yo no lo quiera. Si quiero peinarla, no me deja. A veces se pone de humor que no quiere que nadie la toque. La verdad es que a veces patalea y grita por casi nada.*
>
> Shalimar

Ésta puede ser una época difícil para una pequeña. Tiene tantas ganas de ser independiente pero sencillamente no puede hacer todo lo que quiere. Es mejor darle tiempo para que se vista o desvista sola y estar disponible cuando no puede completar la tarea por sí misma. A veces va a cooperar y a veces se va a portar de forma totalmente irracional. Ármate de paciencia. Ahora no es el momento de permitirte el lujo de la impaciencia. Tu niña te necesita para poder enfrentar su malhumor.

> *No nos hace caso. Le gusta hacer lo que le da la gana y es exigente. Dice "no" para y por todo y siempre pregunta "¿por qué?"*
>
> Sarah, 17 – León, 2½

Ahora tienes que ser especialmente firme en tus interacciones con tu niña. Si hoy le dices una cosa, la misma regla tiene que aplicarse mañana.

La rutina es importante para los niños de dos años. A tu pequeña le gusta hacer las cosas del mismo modo un día tras otro tras otro. La rutina para acostarse puede ser aun más detallada.

Éstos son meses muy atareados para ti y para tu párvula.

Aún le queda mucho que aprender acerca de su mundo. Si se le da suficiente oportunidad para explorar, como hemos dicho tantas veces en estos libros, ella va a aprender más. ¡También te mantendrá alerta al supervisar sus exploraciones!

*La gente me dice que está consentida, pero yo no le doy demasiada rienda. Es pequeña y los chicos exploran y hacen cosas. Si pones muchas limitaciones a una niña, nunca sabes todo lo que puede aprender.*

Shalimar

## Triunfo – para ambos

Hablar de una lucha por el poder entre un adulto (tú) y tu niña puede parecer ridículo. Por supuesto que tú tienes el mando si hablamos de fuerza física. Si tu niña no quiere acostarse, tú puedes cargarla, aunque ella patalee y grite, y llevarla a la cama.

Si tú haces eso, ¿quién gana? Por seguro que no es tu niña. Ni tú tampoco si ella llora y grita y está sumamente descontenta.

Trata de meterte en la cabeza de tu párvula por un minuto. ¿Cómo se siente? Al mismo tiempo, reflexiona en cómo te sientes tú. ¿Qué puedes hacer tú para que ambas salgan ganando?

El tiempo puede ser un gran factor en esta clase de estrés. Tienes mucho que hacer. Si estás en la escuela y/o tienes un empleo, tienes que completar muchas tareas cuando estás con tu niña. Es normal tratar de apurarla a la hora de la comida, cuando se está vistiendo, a la hora de acostarse. Pero como se siente presionada, es probable que remolonee más. Tal vez declare de plano que no va a comer, o a acostarse, o a vestirse, o lo que sea que tiene que hacer.

Como experimento, tómate diez minutos más para alistarte para ir a la escuela. Alarga la rutina de acostarse un poquito más. Es posible que esté más dispuesta a hacer lo que tú quieres que haga.

Un relojito anunciador puede servir. Por ejemplo, muéstrale un relojito marcado para anunciar a los diez minutos. Explícale que cuando suene el anunciador, el almuerzo va a estar listo. Los párvulos tienden a absorberse completamente en su juego y no les gusta que los interrumpan. Necesitan conclusión. Un anuncio previo de que ya casi es hora de cambiar de actividad puede hacerla cooperar.

## Tú eres su ejemplo o modelo

*Me parece que ser madre es muy muy difícil. No me arrepiento, pero ojalá que hubiera esperado. Ver a Johnnie convertirse en una personita me hace pensar dos veces antes de actuar porque él me imita y me estima.*

*Yo soy la persona que imita, soy su modelo. Yo solía mojar las galletas en la leche y Johnnie empezó a hacer lo mismo. Mi novio decía: "Si no quieres que tu hijo haga eso, tú no puedes hacerlo". Por supuesto que tenía razón.*

Natalie

Ser el ejemplo o modelo es una responsabilidad sorprendente. Observa a tu niño jugar con muñecas y probablemente vas a enterarte de cómo le suenas tú a él. Los niños cuyos padres les gritan mucho, les gritan a sus muñecas. También es cierto que los niños cuyos padres se toman el tiempo para explicarles sus actividades van a descubrir que su niño va a hablarle de manera similar a su "bebé".

Los párvulos necesitan muchísima atención. Crecen y aprenden rápidamente. La atención positiva por parte de personas significativas para ellos hace que el aprendizaje tenga más sentido y sea más importante.

Observar su aprendizaje es muy emocionante para ti. Tener la experiencia de ese aprendizaje es aún más emocionante para tu párvulo.

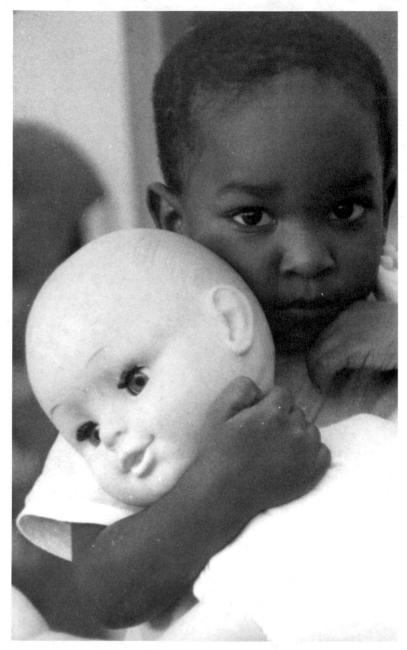

*A muchos niños de dos años les deleita jugar con muñecas.*

# 9

# Jugar con tu niño de dos años

*La escuela es importante pero no tan importante como Leah. Si Leah dice que quiere sentarse o jugar conmigo y eso significa que no voy a poder hacer mi tarea, hago lo que ella quiere.*

*Lo importante es escuchar a tu niña y estar con ella. No puede ser que tengas tanto que hacer que no tengas suficiente tiempo para jugar o hablar con ella. Tienes que manejar tu tiempo.*

Lyra, 18 – Leah, 2½

*Skye juega muy bien cuando está solita. Junta la cuerda y las cuentas.*

*Juega mucho a juegos imaginarios. Hace volar a unos niños*

*por la habitación y les dice que los va a hacer volar
por toda la casa. Ayer me dijo que hizo un trencito.*

*Cuando voy a la práctica de sofbol, Skye y su papi
van por mí a la salida. Ella dice: "Mami, ¿yo juego
sofbol?"*

*Yo le digo: "No hasta que no estés más grande".
Ella me dice: "Okay".*

*O si no, ella me dice: "¿Yo voy a la escuela, mami,
yo voy a la escuela?" Yo le digo que todavía no. O
cuando estoy haciendo mi tarea, mete sus lápices de
colores en su mochila y me dice que ella va para la
escuela y está haciendo su tarea.*

*Ponemos música para cantar y a Skye le encanta
cantar y bailar. Cada vez que viene una canción que le
gusta, dice: "¡Mami, bailemos!"*

Molly, 18 – Skye, 33 meses

## A veces es autosuficiente

Tu niña de dos años es ahora más autosuficiente. Puede
jugar solita, pero aún le encanta tu atención y la necesita. Si
juegas con ella regularmente, va a aprender más. También
estará más dispuesta a jugar sola otras veces.

Esto no significa que tienes que pasar todo tu tiempo
entreteniéndola. Eso tampoco es bueno. En ciertos momentos
estará satisfecha jugando cerca de ti cuando tú te ocupas con
tus quehaceres.

## Juguetes hechos en casa

Aunque tenga muchísimos juguetes, tu párvulo a lo
mejor va a preferir juguetes hechos en casa la mayor parte del
tiempo. Uno de los mejores juguetes que le puedes dar es una
cajeta vacía. Si tú o algún conocido compra un aparato de TV,
o mejor aún, un refrigerador u otro aparato grande, guarda la
caja.

A tu párvulo le encantará entrar y salir de ella. Juntos,
pueden abrirle ventanas y puertas a su nueva casa. Él la puede

decorar con sus creyones o pinturas. Puede hacer ver un día que es una casa, al día siguiente, una escuela. Se puede esconder de ti en esa casa. Lo oirás riéndose cuando tú lo buscas por todos lados.

Usa una caja más pequeña para hacer una estufa de cocina. Voltea la caja y ayúdale a dibujar quemadores en el fondo. Ayúdale a "cocinar" un bocadillo para él y para ti y luego "cómelo" junto con él.

Dale alas para sus juegos imaginarios. Puede ser que tenga un amigo imaginario. Hasta podría hablar con ese amigo. El juego imaginario tiene un papel importante en el desarrollo.

*A Larissa le encanta Winnie the Pooh. Tiene un osito Pooh y lo mete en su cunita y le dice "hasta mañana". Le mece la cunita y hace ver que lo duerme.*

*Tiene comida para bebé de mentira y le da de comer. Los fines de semana hace ver que el autobús escolar está afuera. Se acerca al osito y le dice: "Ya viene el autobús. Ya tengo que irme".*

Leila, 18 – Larissa, 2 1/2

¿Tienes una mesita de jugar naipes o barajas para ponerla cerca? Cúbrela con una sábana o manta y tu niño tendrá una tienda o cueva o cualquier cosa que él desee. Que le vuele la imaginación.

Cuando estás limpiando tus armarios, elige algo que vas a descartar para que lo use tu niño. Le van a gustar cosas viejas como sombreros, pañoletas, zapatos de mamá o papá y otros artículos de adultos. Incluye joyas de fantasía que no sean peligrosas para un niño, cosas que no se pueda tragar. Dale alas a tu párvulo para que haga ver que es otra persona cuando se disfraza.

## Pintura con los dedos

Permítele pintar con los dedos. Por supuesto que primero va a probar y examinar la pintura. Después tal vez pinte un poquito.

La pintura con los dedos requiere cierta preparación. Viste a tu niño con ropa vieja y pon muchos periódicos en el suelo. Una silla y una mesa pequeñas con mucho espacio para trabajar son ideales pero una silla alta también puede servir.

## Receta

Tú misma puedes preparar una pintura segura (desde el punto de vista del sabor – ¡aún así, produce suciedad!) con una mezcla de dos cucharadas de maicena o harina fina de maíz en dos cucharadas de agua fría. Luego añade una taza de agua hirviendo y revuelve otra vez.

Para el color, usa colorante de alimentos. O si no, una cucharada de mostaza amarilla preparada por cada dos cucharaditas de la base para sacar una pintura de color amarillo canario.

Cualquier clase de papel sencillo es adecuada para pintura con los dedos — papel para envolver, bolsas o cartuchos de papel, cartoncitos de paquetes de camisas o pantimedias. Pega el papel a la mesa o la bandeja antes de que empiece a pintar. O si no, le puedes permitir que pinte en la tina o bañera – por supuesto que con supervisión.

Tras toda esta preparación, es posible que el niño pruebe más de lo que pinte. Muéstrale cómo usar la pintura en el papel. Todo el asunto le parecerá un poquito raro, pero probablemente se divertirá de lo lindo. Lo va a disfrutar aun más si tú lo acompañas y pintas con él.

Acepta una sugerencia de las maestras de preescolar y organiza un tanto el día de la niña. Planea un rato para que pinte con lo dedos o con pincel. Si las condiciones del tiempo lo permiten, pintar al aire libre ahorra limpieza en la casa. Proporciona gran cantidad de oportunidades para que tu criatura coloree, pinte, pique papel (con tijeras despuntadas) y otras actividades creativas. Por supuesto que seguirás supervisando:

*En mi casa, los creyones están en el armario, donde
Mickey no los puede alcanzar. Cuando puede colorear
o pintar o picar papel es algo especial. Si quiere picar
100 pedazos de papel, está bien, pero tiene que hacerlo
en un lugar determinado.*

Susan, 20 - Mickey, 2½; Felicia, 11 meses

Todavía no está en capacidad de colorear o pintar entre
las líneas de un libro para colorear. La verdad es que si es
creativa en lo más mínimo, tampoco estará "lista" más
adelante. Los libros para colorear son una inversión inservible. Es mucho mejor darle trozos de papel de buen tamaño y
luego estimularla para que dibuje o garabatee lo que quiera.

*A Luke le gusta mucho escribir. Yo abro las bolsas
de papel grandes y las volteo. Las pego en la pared y
se vuelve un pizarrón. Escribe por todos lados. Eso lo
mantiene ocupado un buen rato. Por supuesto, ¡tengo
que estar alerta para que se mantenga dentro del
papel!*

Ashley, 18 – Luke, 34 meses; Abby, 20 meses

No te preocupes si tu niña trabaja con la mano izquierda o
la derecha. Los niños a menudo parecen cambiar la
preferencia de una mano a otra hasta que se deciden por una
de las dos para su mano "trabajadora". Cualquiera de las dos
manos que prefiera está bien. Lo importante es no tratar de
hacerle cambiar la preferencia.

Para los tres años, probablemente ya sabes si va a ser
derecha o zurda. Si es zurda, es parte del 15% de la
población con esta preferencia.

## Enseñanza por medio de juegos

Puedes enseñar a tu hijo los colores si le hablas del color
de su ropa y otras cosas a su alrededor. Puedes hacer juegos si
coloreas círculos o redondeles de papel de distintos
colores vívidos. Después puedes trazar círculos o redondeles

del mismo tamaño en una hoja de papel y colorearlos para que concuerden con los otros. ¿Puede parear el círculo cortado con el círculo rojo en el papel sin recortar?

¿Sabe su nombre tu párvulo? Si tú y él resultan separados, ¿puede él identificarse frente a alguien? Tú puedes ayudarle a aprender si lo conviertes en un juego. Primero, que nombre a miembros de la familia en fotos, inclusive una foto de él.

Jugar con muñecas es importante para muchos niños de dos años. Si tienes ahora otro bebé, tu párvulo puede interesarse especialmente en su propio bebé.

*Haley tiene una amiguita que viene a visitar a menudo. Juegan con las muñecas en la casita de muñecas. Les cambian los pañales y les hablan mucho.*

*Ella dice: "Vamos a salir. Tenemos que alistarnos para la escuela", como le digo yo a ella todas las mañanas. Una vez la oí decir: "Ahhh, te voy a acusar con abuelita".*

Bettiann, 20 – Haley, 35 meses

## Ayudar a mamá y papá

El juego imaginario a los dos años a menudo significa imitar a mamá o papá:

*Ricardo quiere hacer todo lo que hago yo. Cuando me ve cocinando, quiere cocinar. Cuando su papá dice que tiene hambre, Ricardo corre a la cocina y quiere prepararle algo. Yo le doy el refrigerio para que se lo dé a su papi y se siente de maravilla.*

*A veces cuando estoy lavando los platos, Ricardo me quiere ayudar. Yo le digo: "Ricardo, ven y ayúdame" y corre a hacerlo. Trae su silla al fregadero y yo lo dejo enjuagar los platos.*

Sharon, 19 – Ricardo, 35 meses; Monique, 16 meses

A los tres años, tu niño tendrá la capacidad de "ayudarte" de muchas maneras. Puede poner la mesa, especialmente si

los platos son de plástico liviano. Puede ayudar a hacer sus
propios bocadillos con queso rallado en una tortilla; después
puede doblar la tortilla y calentarta, con tu ayuda, ya sea en el
microondas o el horno común y corriente. Te puede ayudar a
llevar las compras del mercado.

Puede sacudir los muebles, aunque debes tener cuidado
de no darle un trapo que haya sido tratado con alguna sustancia porque él se lo puede meter en la boca. Le encantará
"trabajar" con un plumero. Puede ayudar a recoger la basura.
Lo cierto es que puede estar dispuesto a ayudarte a hacer una
multitud de tareas. A esta edad, para muchos niños la palabra
mágica es ayudar. Probablemente no va a estar dispuesto a
hacer todas esas tareas simplemente porque tú se lo pides. Su
incentivo en hacerlas es ser como tú.

## Celebración de fiestas

*Donovan vio a Santa y le dio miedo. Fuimos al mall*
*y Santa no le gustó mucho. Eso estuvo bien. No tuvi-*
*mos que tomar la foto. Hacíamos cola y vio a los otros*
*chiquillos que iban a ver a Santa. Entonces dijo: "No,*
*no quiero". Así que nos fuimos y no hubo problemas.*

Belia, 17 – Donovan, 2

A lo mejor tú tienes muchas ganas de compartir Halloween
– el día de las brujas—con tu niño. O te ilusiona presentarle
a Santa Claus en la tienda de departamentos. Pero te puedes
dar cuenta de que a tu pequeño no le hace la menor gracia
ninguna de estas dos experiencias.

*A Dalton le encantan Halloween y Navidad, pero*
*Santa no. No confía mucho en el gordo vestido de rojo.*

Claire, 17; Dalton, 33 meses

Santa Claus puede atemorizar a tu párvula porque cree que
es un personaje real. Es grande y gordo, lleva ropa extraña,
tiene una barba rara y allí sentado te fija la mirada. La niña
puede romper a llorar y arruinar la foto.

Halloween atemoriza a muchos párvulos por lo mismo. No entienden que todo es fantasía y creen que todos esos personajes estrafalarios son verdaderos.

Para que estos eventos sean menos aterradores, explícale a tu niña adónde van y qué van a hacer. A lo mejor pueden practicar. Muéstrale fotos de Santa. Juega con máscaras antes de Halloween.

Cuando llega la fecha, no la apresures a esta experiencia. Deja que observe a otros niños cuando se sientan en el regazo de Santa. No le hagas presión para que los siga. Puede ser que ella misma decida si lo quiere o no. Si no quiere ver a Santa este año, respeta sus sentimientos. A lo mejor estará en capacidad de hacerlo el año que viene.

Para Halloween, a lo mejor le gustaría, en brazos tuyos, dar las golosinas a los niños que piden "trick-or-treat".

## ¿Cuánta TV?

*La gente no debería usar la TV como niñera. Les estropea el cerebro y no tienen interés en leer. Sergy y Leonardo tienen muchos libros y yo les digo que lean o jueguen con sus juguetes en vez de plantarse frente a la televisión.*

*Les permito ver dos programas en el transcurso de una hora. A esta edad, eso es suficiente. Mi mejor amiga le permite al hijo ver videos todo el día. Nosotros preferimos ir al parque.*

Kerrianne, 19 – Sergy, 3; Leonardo, 4

En muchas familias, la televisión es un hecho y parte de la vida diaria. Prenden el aparato y ven una gran cantidad de programas durante el día y la noche. Si vives en casa de tus padres, a lo mejor no tienes mucho control sobre las horas que se mira la televisión.

Para niños menores de tres años, probablemente es más lo que la televisión impide en cuanto al aprendizaje que lo que enseña. Esto es cierto aunque los programas sean seleccionados con todo cuidado y limitados a los que se supone son apropiados para los pequeñitos.

Tu niño necesita interactuar activamente con su entorno para llegar a conocerlo. Necesita oler, saborear, sentir y manipular objetos con las manos para descubrir cómo son y lo que puede hacer con ellos. Sólo mirar y escuchar no es suficiente. Los objetos desconocidos que se ven por televisión tienen muy poco o no tienen sentido. A lo mejor ni reconoce objetos con los que está familiarizado. Pero sin guía, un niño puede dar la impresión de estar contento frente a la pantalla de TV:

*Alina se puede quedar en una silla y mirar TV por horas si tiene su almohada y puede tenerla (junto a ella) y chuparse el dedo.*
Joanne, 23; Francene, 4; Alina, 3; Gloria, 1

Alina, como todos los niños, necesita correr, gatear, saltar, dar volteretas y trepar. A los niños les gusta hacer estas cosas en compañía de otros porque están aprendiendo destrezas sociales. Estas habilidades hay que practicarlas activamente. Eso no sucede frente a la TV.

Aunque una niña puede escuchar muchas palabras habladas por televisión, mirar mucha TV es probable que le dilate el desarrollo del lenguaje. Si está embebida en la TV, no está hablando y aprender a hablar requiere muchísima práctica. Si trata de hablar, no hay nadie allí que le conteste. Necesita hablar con alguien que le responda.

## Programas seleccionados cuidadosamente

*Nosotros no queremos que Elena mire películas de terror. De hecho, no creo que un niño debe ver demasiada TV. No es bueno para su desarrollo. Hay demasiada violencia y eso les puede contaminar la mente.*
Raúl, 19 – Elena, 23 meses

Cuando tu niña ve TV, tú tienes que seleccionar los programas con todo cuidado. Muchos programas presentan situaciones de fuerte contenido emocional y eso puede afectar a los niños. No es real, da una vista distorsionada de la violencia, del sexo y es una sobrecarga emocional para tu niña.

*Luciann muy pocas veces ve TV por más de 30 minutos. No quiero que vea programas violentos porque absorbe cosas de todas partes. No quiero que sea más violenta.*

Liliana, 17 – Luciann, 22 meses

Los programas que muestran comportamiento violento y gente enfurecida pueden ser inquietantes para la criatura. Probablemente no entiende completamente lo que ve y su habilidad para usar palabras es limitada y no podrá hablar sobre ello.

Si hay otros interesados en ver el programa, es posible que le digan a la criatura que se calle. Es posible que hasta se opongan a que haga cualquier pregunta que tratara de hacer.

Todo programa que mire tu niño debe ser apropiado para su edad y debe ser visto por alguien que le hable sobre el mismo. Lo ideal sería que los niños menores de tres años no vieran TV más de una hora al día.

Si resides en una casa donde por lo general la televisión está prendida largas horas, trata de mantener al niño alejado del aparato y su ruido. Puedes rescatar a tus chicos – meterlos en otra habitación con sus juguetes, sin TV. Si tú miras mucho la TV, es probable que tu niña siga tu ejemplo y se pierda del juego activo que necesita. O si no, puede aprovecharse de tu entretenimiento con la televisión y meterse en problemas:

*Cuando yo me pego a la TV, es como si ellos dijeran: "olvídalo". Se ponen a hacer cosas que yo no quiero que hagan. Cuando no les pongo mucha atención, ellos se meten en un montón de cosas.*

Joanne

Aunque te guste ver TV, a lo mejor convendría que sacrificaras unos cuantos de tus programas para estar ese tiempo con tu niña. Tú eres una maestra infinitamente mejor que la TV. Que tenga la ventaja de tu compañía en vez de dejar que la TV se convierta en su compañera.

La investigación demuestra que los niños agresivos son los que tienden a mirar mucha violencia por TV. Igualmente, demuestra que los niños que ven demasiados programas de TV dan muestras de menos imaginación en su juego y en la escuela que los niños que ven menos TV.

Un párvulo que se sienta frente a la pantalla de TV varias horas al día no participa en el juego activo que necesita. Sin duda que ve programas poco apropiados para su edad – programas con escenas de terror, o con vistas distorsionadas de las relaciones entre hombres y mujeres y otras situaciones que tienden a atemorizarlo o confundirlo. Hasta las noticias de la noche a menudo incluyen relatos de la violencia que ha ocurrido en el día.

Sin embargo, los niños también pueden aprender lecciones importantes por TV. ¿Puedes mirar la TV con tu niño y conversar sobre lo que ve y escucha? Si tú y él ven diariamente una hora de programas seleccionados cuidadosamente, y conversan sobre ellos, la TV puede tener una influencia positiva en tu párvulo.

Si tu familia ve mucha TV, a lo mejor tú tienes muy poca influencia en decidir las horas que está prendido el aparato diariamente. La mejor táctica en este caso puede ser buscar un lugar tranquilo donde tú y tu niño puedan jugar lejos de la TV. O si no, llévalo a jugar al aire libre y estimúlalo para que corra un poco. Probablemente él prefiera jugar contigo y no la televisión.

## El juego al aire libre

*Si hace buen tiempo, jugamos afuera o si no, vamos al parque. Yo le menciono todo, las hojas y el cielo, y hablamos de los colores.*

Molly

*Está practicando su destreza para mantener el equilibrio en el parque.*

Jugar al aire libre es importante para una criatura de dos años. Si tienes la suerte de tener un patio cercado, probablemente va a pasar muchas horas allí, especialmente si tú puedes estar con ella. Recuerda que aún necesita supervisión. Si tu patio no está cercado, tú tienes que estar con ella todo el tiempo que está afuera.

A los párvulos les encanta jugar con arena, tierra y lodo. Dale cucharas, tazas y otros juguetes para la arena. Es recomendable mantener la caja de arena cubierta cuando no está en uso. Así los gatos y perros, a quienes también les gusta la arena, no pueden usarla.

Puede pintar el garaje o una pared exterior si le das una cubeta con agua y un pincel. Le encantará usar una botella de agua con rociador. Para este momento, a lo mejor ya puede hacer burbujas de jabón.

Si no tienes patio, ¿puedes llevarlo a menudo a un parque cercano? Llevarlo a caminar todos los días va a satisfacer parte de su necesidad de salir. Por supuesto que éste no es el tipo de caminata para hacer mucho ejercicio, que requiere caminar rápidamente. Tu párvulo va a explorar toda clase de cosas al paso. Él no va a tener apuro.

Paseos al aeropueto para ver los aviones despegar y aterrizar, a la estación de tren y a una construcción lo van a emocionar tanto como una visita a Disneyland. Por supuesto que si van a una construcción, tú y tu niño deben estar tomados de las manos todo el tiempo que permanezcan allí.

*Nosotros paramos para [dejar pasar a] los bomberos. Vamos al muelle a ver los barcos. Haley señala los helicópteros que pasan y dice: "cópteros".*
*La llevamos a la granja donde puede tocar a pollos y chivos. A Haley le gusta acariciarlos. Empezamos a llevarla a los dos años.*
*También vamos al parque y damos comida a los patos.*

Bettiann

Si vives cerca de la playa, jugar allí puede ser muy agradable para ti y para la niña. Por supuesto que siempre la tendrás que vigilar. También tienes que tener sumo cuidado en cuanto a las quemaduras de sol. Casi todos los párvulos tienen la piel sensible y se queman fácilmente.

*A ella le encanta la playa. Cuando las olas se van, corre tras de ellas y regresa corriendo cuando las olas vuelven. Le gusta corretear a las aves [playeras] y le encanta acostarse en la arena.*

Shalimar, 19 – Ellie, 2 1/2

## ¿Está bien el tiempo frío?

Los párvulos disfrutan de los juegos al aire libre. Eso es bueno para ellos. Por lo general son más activos afuera que adentro. El ejercicio les sirve para el desarrollo motor o motriz. También les abre el apetito y los prepara para acostarse.

Pero, ¿qué tal el tiempo frío? A Claire no le gusta mucho el frío, así que Mitch juega en la nieve con Dalton:

> *Dalton y su papá hacen muñecos de nieve y se tiran*
> *unas cuantas bolas de nieve. A mí no me gusta mucho el*
> *frío, pero por lo general observo desde la ventana con*
> *una taza de chocolate.*

Claire

Por otro lado, esto es lo que dice Cathi:

> *A Susie le encanta jugar al aire libre, pero ya hace*
> *frío. Ella tiene que estar en la casa mucho o si no, se*
> *va a enfermar. Nosotros tratamos de explicárselo, pero*
> *todavía está muy pequeña para entender.*

Cathi, 18 – Susie, 34 meses

Esto parece una lucha por el mando. Las temperaturas frías no enferman a los bebés. Son los gérmenes los que los enferman. Por lo general, a un preescolar se le puede vestir calentitito para que no se enfríe al jugar al aire libre. Es probable que Susie esté muy activa al jugar y a lo mejor ni siquiera sienta frío.

La madre debe dar la cara al problema. Debe decirle a su hija que ella tiene frío y tiene que entrar a la casa ahora para calentarse. Juntas podrían preparar ciertas reglas para jugar al aire libre, tales como el tiempo que van a estar afuera. Sería recomendable tener un área bajo techo para jugar activamente los días en que realmente no se puede salir.

## ¿Atleta desde ahora?

> *Creo que Luke va a ser un buen beisbolita. A su papá*
> *le gusta jugar béisbol con él. Cuando jugamos, Luke*
> *sabe cómo agarrar muy bien su batecito plástico rojo.*
> *Batea la pelota muchas veces cuando se la lanzamos.*

Ashley

Muchos padres y madres se ilusionan por jugar pelota con sus niños. A los dos años, papá a lo mejor ya juega con ella.

Todavía no está preparada para las reglas, pero sí puede disfrutar plenamente de jugar pelota con mamá o papá.

Los padres de León describen su manía de jugar pelota:

> *Jordan: León mira básquetbol conmigo. Ya sabe cómo driblear la pelota. No le gusta jugar con camiones pero juega con pelotas constantemente.*
>
> *Sarah: Cuando le digo que eche su ropa en la canasta, la lanza y grita: "¡Dos puntos!" Mira programas de deportes en TV con su papá todo el tiempo.*

La escaramuza es una actividad que a menudo disfrutan párvulos y papás, principalmente. Pero no es recomendable golpearse si no quieres que tu niño golpee a otros niños. Tampoco es muy sensato hacer que la criatura se agite tanto que después tenga dificultad para calmarse.

> *Me parece que los padres son quienes marcan el paso. A mi esposo le gusta jugar rudamente. Entonces se cansa y quiere parar, pero los chiquillos no están listos para parar. No puedes parar así de repente. Tienes que aminorar poco a poco y andar más despacio. Le tomó buen rato aprender eso.*
>
> Annabel, 27 – Andrew. 10; Anthony, 7; Bianca, 5; James, 2

El juego activo, por lo general, no es recomendable a la hora de acostarse. Tú quieres que tu niño se tranquilice. Por eso la mejor rutina es la que incluye un cuento.

El mundo entero es fantástico para tu párvulo. Todo es nuevo. Un párvulo realmente no necesita Disneyland porque él mismo puede encontrar cosas interesantes dondequiera. Tu tarea es compartir su entusiasmo y guiarlo y apoyarlo mientras descubre su mundo.

*¡Que te diviertas!*

*Al cruzar un área de estacionamiento tiene que ir de manos contigo*

# 10

# Tu párvulo sano y salvo

- El párvulo necesita aun más supervisión
- Protégelo de quemaduras o quemadas
- Gran peligro de envenenamiento
- Los autos pueden ser mortíferos
- Prevención de enfermedades serias
- Necesita médico
- La diarrea es aún peligrosa
- Cuando tu niño se enferma
- Hay que tratar las infecciones de oídos
- El cuidado de los dientes del párvulo

*Una vez olía a quemado y salía humo del horno. ¡Vincent lo había encendido! En ese momento decidí quitar la perilla y guardarla donde él no la pueda encontrar.*

*Ayer rompió un vaso y quería recoger los pedacitos. Le gusta ayudar – pero claro que lo alejé de allí y yo misma recogí el vidrio.*

Mariaeliza, 17 – Vincent, 3

*Kamie arrastra la silla y se trepa en el mostrador. Se ha parado en el espaldar del sofá, la parte de atrás. Anoche se puso a saltar del sofá abajo. Se cayó y se torció el tobillo, pero hoy estaba lista para volver a saltar del sofá al suelo. Yo le dije: "no más".*

*Quité todo lo que pudiera ser*

*peligroso. Puse las plantas sobre un gabinete alto que*
*ella no alcanza. No quería que le pasara nada.*

                                        Lucas, 21 – Kamie, 21 meses

## El párvulo necesita aun más supervisión

*Vivimos en un apartamento y a veces hay vidrios*
*rotos en la acera. Yo los recojo cuando los veo pero no*
*los puedo recoger todos.*

*A Luke y a Abby les gusta salir descalzos. Una vez*
*Luke pisó un vidrio y se cortó el pie, así que ahora se*
*pone zapatos. Cuando hace calor, se pone sandalias.*

                                Ashley, 18 – Luke, 34 meses; Abby, 20 meses

A lo mejor tú estuviste muy consciente de la seguridad de
tu niño durante su primer año. No lo dejabas solo un minuto
en una cama o mesa de cambiar, aunque "sabías" que no se
podía voltear. Tenías consciencia de lo rápido que un bebé se
puede caer de una superficie así.

Cuando tu bebé empezó a gatear, a lo mejor inspeccio-
naste la casa al nivel de sus ojos. Ésta es una buena manera de
percibir los peligros. Probablemente tapaste los tomacorrien-
tes o enchufes y tal vez pusiste casi toda la casa a prueba
de niños.

Ahora tu párvulo necesita aun más supervisión que unos
meses atrás. Corre ya por todos lados, pero su discernimiento
se desarrolla mucho más lentamente. Durante esta estapa
sensorial motora, la supervisión tiene que continuar. Él tiene
que probar las cosas para ver qué pasa, pero es incapaz de
reflexionar y pronosticar lo que realmente va a suceder. Te
toca a ti mantenerlo sano y salvo.

Jamás dejes a tu bebé o párvulo solo en la casa o apartamento, aunque esté dormido. Tampoco lo dejes nunca en el
auto estacionado, aunque únicamente vayas a la tienda
rapidito a comprar una sola cosa.

Los niños a quienes se deja en un auto en el verano pueden
morir por el calor. Los autos cerrados se calientan mucho más

que el aire afuera, como sucede con un horno. También existe el peligro de que el niño tranque las puertas y no pueda salir en caso de urgencia.

Probablemente puede dar vuelta a las perillas y abrir las puertas a los dos años. Es aun más importante que tengas las cosas peligrosas alejadas de su vista y de su alcance. Es doblemente importante mantener los canastos, basureros, botes o zafacones cubiertos firmemente o en un área cerrada donde los párvulos no pueden correr. Un niño pequeño se puede meter en toda clase de problemas si juega con la basura.

Inspecciona tu casa para ver si hay peligros. Muchos niños casi párvulos trepan sorprendentemente bien antes de caminar. Trepar significa que una criatura se puede meter en mayores problemas si no la observas constantemente.

*Nathan no sabe. El mundo entero es una gran*
*aventura y eso me asusta. Se puede caer sobre algo y*
*siempre se quiere meter las cosas en la boca. Necesita*
*supervisión 24 horas al día – a no ser que esté dormido.*
*Entonces es cuando por fin te puedes relajar.*

*Mi abuelito lo cuida mucho porque cuando yo era*
*pequeña me atoré con una manzana y casi me muero.*
*Él lo observa y lo observa con ojo protector. Nathan*
*es un rayo y cuando está afuera se tira a la calle en un*
*instante.*

Esteban, 18 – Nathan, 2; Ralph, 5 meses

## Protégelo de quemaduras o quemadas

*Un día dejé el rizador en el mostrador del baño. Yo*
*lo había apagado pero todavía estaba caliente. Haley*
*se metió en el baño y le puso la mano encima. Empezó a*
*gritar: "Toqué caliente. Toqué caliente".*

*Se le hizo una ampolla y le puse hielo. El médico*
*dijo que no le abriera la ampolla y no lo hice.*

Bettiann, 20 – Haley, 35 meses

*Ten cuidado de que las cosas que puede subir le brinden seguridad.*

Los párvulos se encuentran en grave peligro de quemaduras o quemadas. Se pueden escaldar con una taza de café o de té que tiren de una mesa y les caiga encima. Se pueden quemar al tocar una estufa, una plancha o un calentador caliente. Si tu niño juega en el suelo junto a ti, tú podrías echarle encima comida caliente.

Cuando está aprendiendo a caminar, su habilidad para alcanzar cosas se incrementa rápidamente. El niño que la semana pasada sólo gateaba, esta semana puede agarrarse de la mesa o la estufa y alzarse. No se pueden dejar comida caliente, líquidos ni objetos pesados a la orilla de la mesa o la estufa.

## Gran peligro de envenenamiento

*Una vez dejé una taza de cloro en el fregadero. Creo que Luke pensó que era agua y se la tomó. A mí me dio un olorcito a algo y me di cuenta de que salía*

*de la boca de él. Corrí a buscar a mi mamá. Cuando*
*regresamos, mi esposo ya le había metido el dedo en la*
*garganta a Luke y lo había hecho vomitar.*
*Desde entonces no dejamos nada por ahí. También*
*tenemos mucho cuidado con objetos pequeños porque*
*los chiquillos se pueden atorar con ellos.*

Ashley

Los niños están más propensos a envenenamiento entre los
diez y los veinte meses. Se movilizan mucho, exploran todo
lo que tienen a su alcance, se meten en la boca todo lo que
pueden y no tienen la capacidad de entender lo que es y lo que
no es peligroso. También toman cosas que para los adultos
tienen mal sabor.

Los cigarrillos son venenosos. Si alguien en tu familia
fuma, tienes que negociar de la mejor manera posible para que
no dejen los ceniceros al alcance de tu párvulo.

El hecho de que tu párvulo puede ir a todas partes y
explorarlo todo es emocionante porque sabes que está
aprendiendo. También es aterrador porque sabes que se puede
hacer daño muy fácilmente. Si se trata de un polvillo blanco,
puede creer que es azúcar. Si es un líquido con color, tiene que
ser jugo. En realidad, puede ser un perfume venenoso o un
insecticida, pero probablemente el niño no va distinguir entre
una cosa y la otra.

Te toca a ti mantener al niño sano y salvo. Inspecciona la
casa, el garaje y el patio a menudo por si hay objetos que
puede tocar o ingerir. Familiarízate con las plantas alrededor
de tu casa. La adelfa, el ojaranzo o baladre y el ricino, por
ejemplo, son peligrosos si se ingieren y pueden matar a un
niño. Ten a mano el número del centro de control de veneno
("poison control") más cercano. Guárdalo junto con el
número del médico y otros números de urgencia o emergencia.
Si consideras que tu niño se ha envenenado, lleva cualquier
evidencia que tengas de lo que ha tragado, un pedazo de la
sustancia o el recipiente en que se encontraba.

## Los autos pueden ser mortíferos

*Cuando William entra en el carro, lo primero que*
*hace es abrocharse el cinturón. Está acostumbrado a*
*hacerlo. Si yo no me abrocho el mío en el acto, me dice:*
*"tú no te has abrochado el tuyo".*
*Yo le digo, "sí, es cierto", y me lo abrocho.*

Ruthie Faye, 19 – William, 4; Soraya, 18 meses

Los autos pueden ser mortíferos para los párvulos. Si está
en el auto, ten cuidado de que tenga el cinturón abrochado en
su asientito. Si pesa 60 libras o más, o si tiene por lo menos
seis años, puede usar un cinturón normal. De paso, asegúrate
de que tú te abrochas el cinturón. Tú eres su modelo y
ejemplo.

El proceso de abrochar es más complicado si tienes dos
niños a quienes abrochar. Edie, madre de gemelas de dos años,
abrocha a una en la acera donde puede controlar a la otra.
Luego, con todo cuidado, lleva a la otra al lado de la calle para
completar la tarea.

Tu párvulo se moviliza rápidamente pero ahora apenas
empieza a desarrollar la habilidad y el autocontrol para no irse
a calles de mucho tránsito aunque sea que sólo va a cruzar
hasta la entrada al garaje. Insiste en que vaya de la mano
contigo cuando va por una calle, cruza un área de
estacionamiento o la entrada de un garaje.

*Ir por la calle – eso es serio. En este momento ella*
*cree que puede ir a la calle. Un día corrió a la calle y*
*venía un auto. Yo le grité y le di unas nalgadas. Desde*
*entonces, va hasta el borde de la acera, mira y se aleja.*

*Yo le digo: "Si la pelota se va a la calle, ven a*
*buscar a mami" y "si tus amiguitos cruzan la calle,*
*no los sigas. Ven a buscarme y yo te ayudo".*

Bettiann

Para una exposición más detallada de cómo poner la casa a
prueba de niños, consulta *El primer año del bebé*.

## Prevención de enfermedades serias

*A Tatiana le ha dado fiebre varias veces y una vez le dio urticaria. Le puse cortisona y la dejé destapada un ratito para que le bajara la fiebre. La urticaria se le quitó al día siguiente.*

*Se enferma a menudo, creo que es porque hace poco empezó a ir a otra guardería. Es muy enfermiza, así que o mi mamá tiene que tomarse el día libre o yo tengo que dejar de ir a la escuela para atenderla.*

Mihaela, 16 – Tatiana, 18 meses

Tu niño debe examinarse con el proveedor de atención médica cada nueve a doce meses durante el segundo y el tercer año de vida. Antes de ir al médico, escribe tus preguntas. Es fácil olvidarlas cuando uno está cara a cara con un médico sumamente ocupado.

Probablemetne te preocupaste de que le pusieran a tu párvulo sus doce inmunizaciones a tiempo durante su primer año de vida. A los 18 meses tiene que volver para sus "refuerzos".

Entre los 12 y los 15 meses tiene que ser inmunizada contra rubéola, paperas y sarampión rojo (MMR por las siglas en inglés). Al mismo tiempo, también deben hacerle una prueba cutánea para la tuberculosis. Tu proveedor de atención médica tal vez recomiende, asimismo, que le pongan la vacuna contra la varicela en algún momento durante el segundo año.

## Necesita médico

*Celeste y Carrie se han enfermado este invierno. Hemos ido al médico unas diez veces. Yo no las saco [de la casa], les doy vitaminas, pero una se enferma primero y después, la otra.*

*¿Qué hago cuando se enferman? Llamo a mi abuela. Si ella no me puede ayudar, las llevo al médico y busco medicamento. Cuando están enfermas, duermen mucho,*

*pero las dos quieren estar juntas. Es bien difícil.*
Noelle-Marie, 19 – Celeste, 21/2; Carrie, 9 meses

Si no tienes proveedor de atención médica para tu niño, llama al departamento de salud más cercano. Allí te darán el nombre de un médico o te dirán si hay una clínica del departamento donde pueden examinar a tu niño, o ambas cosas.

Si tuvieses alguna pregunta sobre la salud de tu niño, debes chequear con tu proveedor de atención médica. Anota tus observaciones por adelantado. Las mismas le pueden servir al médico para hacer un diagnóstico.

Los exámenes o reconocimientos frecuentes son los momentos para hacer preguntas sobre la salud de tu niño y sobre su crecimiento y desarrollo. Consulta con tu proveedor de atención médica sobre el cuidado que se debe dar en casa a un niño enfermo. Pregunta lo que se le debe dar para la fiebre. ¿Cuál debe ser la temperatura antes de llamar al médico? ¿Tiene una tos que no se le quita? ¿Qué tal los medicamentos para la alergia?

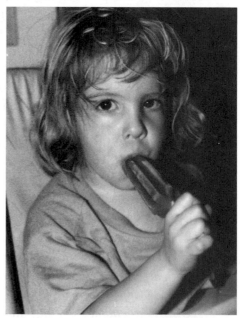

La vista y el oído se deben chequear como parte del examen de salud del bebé. Cualquier otro examen con especialista se debe hacer sólo si lo recomienda el proveedor de atención médica.

## La diarrea es aún peligrosa

Cuando tu niño era infante, tú estabas

*Una paleta le proporciona el líquido necesario si tiene fiebre o náuseas.*

consciente de lo peligrosa que puede ser la diarrea. Probablemente llamabas al médico apenas le empezaba la diarrea
porque no querías que tu bebé se deshidratara. La diarrea
sigue siendo una condición peligrosa para tu niño. A causa de
la deshidratación, la diarrea puede ser un problema
sumamente serio también para los párvulos.
Las dos cosas más importantes para atender a un niño con
diarrea son:

- *darle mucho líquido;*
- *darle muy poca o no darle nada de comida como papas
fritas o mantequilla.*

## Cuando tu niño se enferma

*A Haley le dio inflamación séptica de la garganta
cuando me dio a mí. Fue como a los 14 meses y yo
intentaba atenderla sola.*

*Mamá y papá estaban de vacaciones; yo estaba
aterrada y no sabía qué hacer. La niña estaba afiebrada
y la metí en la bañera un largo rato.*

*Después vino mi tía y dijo: "Ahora mismo vas al
médico". Nos llevó a las dos y el médico nos recetó
antibióticos a las dos. Ésa fue una semana terrible.*

Bettiann

Los médicos a menudo recetan antibióticos como penicili-
na. Es muy importante darle toda la medicina al niño para que
no sufra una recaída en una o dos semanas. A veces las mamás
quieren guardar medicina para la próxima vez que se enferme
la criatura. Ésta no es una actitud sensata.

Si todos los gérmenes no se destruyen, los que quedan
probablemente se hacen resistentes al antibiótico. La próxima
vez que tu niño tenga una afección similar, el antibiótico tal
vez no dé resultado. Hagamos énfasis, dale al niño toda la
medicina que le recetaron.

Los resfriados o catarros son muy difíciles en los años
preescolares. Asistir a la clases es, por lo general, una

experiencia agradable para la niña pero, lastimosamente, es probable que se resfríe una o dos veces más. Es muy probable que esto suceda el primer año que está en cualquier escuela. Si la madre espera hasta el kindergarten o jardín de la infancia, sucederá en ese momento:

> *Tenía tos cuando lo llevé a su primer examen médico. El doctor me dijo que pusiera el vaporizador por la noche y parece que eso le sirvió. Se está mejorando.*
>
> Evangelina, 18 – Ricardo, 31/2; Raúl, 27 meses

Un vaporizador de agua fría es una buena inversión. Colocado en la habitación del niño, le va a ayudar a respirar más fácilmente cuando está congestionado. Ciertos niños tienen momentos excepcionalmente difíciles con asma y/o alergias:

> *Luke se enferma a menudo, casi siempre con resfrío y congestión. Creo que es alergia. El médico dijo que se puede convertir en asma. Tienen que recetarle antibióticos.*
>
> *Una vez le dio una fiebre bien alta y lo metí en una tina con agua fría. Lloró, pero mi mamá estaba conmigo para ayudarme.*
>
> Ashley

Para muchas madres jóvenes, tener a su  mamá con ella cuando el niño está enfermo las tranquiliza.

## Hay que tratar las infecciones de oídos

> *A Abby le dio una infección de oídos la semana pasada. Me di cuenta porque, por lo general, es una bebé muy activa, pero [ahora] sólo quería estar en mi regazo.*
>
> *Se tiraba de la oreja y yo le pregunté: "Abby, ¿te duele el oído?" Me dijo que sí con la cabeza. Por supuesto que la llevé al médico.*
>
> Ashley

Si parece como que tu niño tiene una infección de oído, llama al médico. Las infecciones de oído sin tratar, además de ser muy dolorosas, pueden fácilmente ocasionar pérdida auditiva. Un niño que no oye bien, pierde mucho y probablemente va a tener dificultades cuando entre a la escuela.

Si no puede oír, le va a ser muy difícil aprender a hablar. No va a escuchar el sonido de las palabras. Su habla va a sonar incompleta y difícil de entender.

Casi todas las infecciones de oído, si se diagnostican a tiempo, se pueden tratar y no dejan problemas permanentes.

*A Ellie le dieron muchas infecciones de oído ese primer año. Luego nos dimos cuenta de que no hablabla cuando los bebés de todos nuestros amigos hablaban mucho. La llevamos a un especialista otorrinolaringólo, quien nos dijo: "No puede oír".*

*Nos sentamos en un cuarto donde un monito tocaba una campana. Ellie ni siquiera miraba cuando la tocaba.*

*Me sentí muy mal cuando me enteré de que estaba sorda. Le habíamos gritado:*

*"Ellie, ven aquí" y no respondía. Después nos habíamos enojado con ella.*

*La operaron de los oídos y ahora oye perfectamente bien. Dos días después de la operación le dije: "Ellie" y me miró. Un par de días más tarde dijo "mami" por primera vez. Ahora también le gusta la música. Antes no la podía oír.*

Shalimar, 19 – Ellie, 30 meses

## El cuidado de los dientes del párvulo

Tu párvulo a lo mejor no tuvo problemas cuando le salieron los primeros dientes. Su primera y segunda muelas, que le salieron a los dos años, pueden ser cosa diferente. Puede sentirse horrible e irritable cuando esas muelas le están saliendo por las encías.

Puedes hacer varias cosas para ayudarle, por ejemplo, darle algo frío para morder, aplicarle una crema para dentición o darle un medicamento para el dolor (como Tylenol) cuando se siente tan mal. Tal vez le guste jugar con cubitos de hielo. Hasta frotarle las encías con los dedos le puede aliviar, aunque sea sólo por darle prueba de que estás tratando de hacer algo por él.

Si el dolor parece muy grande, puede ser otra cosa, no la dentición. Si se cubre con la mano parte de la cara una y otra vez, a lo mejor se trata de dolor de oído. Consulta con el médico.

Tu párvulo necesita su propio cepillo de dientes. Debes empezar a cepillarlo apenas tiene tres o cuatro dientes. Ahora va a querer ayudar, pero asegúrate de que se cepille bien por lo menos dos veces al día.

*Cuídale mucho los dientes de leche.*

La mejor manera de enseñarle a cepillarse es pararlo apoyado en ti pero mirando hacia el frente. Sosténle la cabeza con una mano y con la otra, cepíllalo. Muéstrale que los dientes superiores se cepillan hacia abajo y los inferiores, hacia arriba, del mismo modo que crecen. Tendrás que supervisar durante varios años cada vez que se cepilla.

Esos dientes de leche son importantes para tres usos:

- Le ayudan a pasar de leche exclusivamente a comida sólida que puede masticar.
- Los dientes de leche ayudan a darle forma a la mandíbula o quijada del niño.
- Le ayudan a pronunciar las palabras correctamente.

Por estos motivos, tienes que llevar al niño al dentista para los tres años. Si tiene caries o picaduras, es importante que se las calcen o empasten.

Mantener a tu niña sana y salva durante sus años parvularios es parte importante de tu oficio de madre o padre. A ti te toca crearle un ambiente seguro. A ti te toca atenderla cuando se enferma. También te toca a ti guiarla para que coma comidas buenas y obtenga lo demás que necesita para una salud óptima.

Como ya tienes que saber, la crianza trae consigo muchos retos. Tu recompensa por enfrentar todos esos retos es el bienestar y el amor de un niño o una niña.

*Tanto a niños como niñas hay que protegerlos de maltrato o abuso*

# 11

# Proteger al niño o a la niña de maltrato o abuso sexual

*Cuando yo tenía 3 años, abusaron de mí y cuando tenía 10, el novio de mi mamá me violó. A veces me doy cuenta de que frustrarme es bien fácil porque tengo muchos "flashbacks". El sábado tuve un "flasback" bien malo y al papá de Dorian le duele verme pasar por eso.*

*Mi novio fue la primera persona a quien se lo dije. Después al fin se lo dije a mi mamá. No lo había dicho antes porque imaginé que mi familia me iba a dar la espalda y eso fue lo que pasó. Me echaron la culpa a mí.*

*Yo por fin, a los 11 años, le dije al novio de mi mamá: "Para, no me toques. No te acerques a mí".*

*Si no, creo que hubiera continuado por años.*
*Ahora estoy aprendiendo a ser más franca. Siento*
*como que me he quitado un gran peso de encima. Tan-*
*tas muchachas han pasado por eso, especialmente las*
*que están en las clases de crianza.*

Denae, 16 – Dorian, 11 meses

## Los padres adolescentes
## y el maltrato o abuso sexual

*Mi hermano abusó de mí sexualmente. Mi mamá no*
*lo sabe. Yo tenía unos 3 ó 4 años y recuerdo todas esas*
*cosas que mi hermano me hacía hacer. Ahora sigo*
*adelante con mi vida. No le hablo a mi hermano. La*
*gente me dice que tengo suerte porque tengo hijos*
*varones y no me tengo que preocupar por eso. Pero de*
*todos modos uno se preocupa.*

Kerrianne, 19 – Sergy, 3; Leonardo, 4

Muchas madres adolescentes han sido objeto de maltrato o
abuso sexual. De hecho, según ciertas investigaciones, la
mayoría ha enfrentado un cierto grado de maltrato o abuso
durante la niñez. El maltrato o abuso también ocurre entre
los muchachos y muchos padres adolescentes también lo han
sufrido.

*Mi esposo sufrió abuso sexual. Mi esposo nunca dijo*
*nada hasta que estaba un poquito más grande y enton-*
*ces nadie le creía. Sucedió cuando tenía 6 años y él*
*pudo hablar de eso como a los 12.*
*Doug me dijo que él pensaba que yo no iba a gustar*
*de él por lo que le había pasado. Yo le dije que yo lo*
*quiero por ser quien es, no por lo que alguien le hizo.*
*No tengo idea de cómo proteger a Caelin.*

Alaina, 17 – Caelin, 4 meses

Las víctimas de maltrato o abuso sexual, por lo general,
se echan la culpa a sí mismas. El niño o la niña se siente
ultrajado o ultrajada, pero a lo mejor no se lo dice a nadie. La

persona que abusa por lo general o les dice "esto es un secreto entre los dos", o amenaza con hacerle daño a la víctima o a la familia si habla.

## El maltrato o abuso sexual es devastador

El abuelo de Kaye abusó de ella cuando estaba bien pequeña. Después, a los 14 años, el hermano de su cuñada la violó. Comentó lo siguiente:

> *Es lo más devastador. Mi cuñada todavía no entiende y fue el hermano de ella, el ministro, quien me violó. Ella todavía lo ve como relación sexual, pero no era realmente relación sexual cuando yo tenía 14 años y él 28. La devastación, el daño que hace, no lo entienden en absoluto. Hasta mi esposo a veces no lo entiende. Quiere que yo sea erótica con él. "¿Por qué tienes todos esos problemas emocionales?"*
>
> *Es muy difícil entenderlo si no has pasado por eso. Yo lo considero como asesinato. El abuso sexual te quita cosas que nunca vas a poder recuperar. Te despoja de tanto y, pedacito por pedacito, tienes que tratar de recobrarlo, si es que puedes.*
>
> Kaye, 25 – Wade, 11; Dirk, 8; Tanya, 5

## Proteger al niño/a la niña de maltrato o abuso

> *Cuando baño a Karena, le digo: "Éstas son tus partes íntimas y no tienes que dejar a nadie que te las toque. Si alguien lo hace, díselo a mami. No te va a pasar nada y mami necesita saberlo".*
>
> *Tienes que hacerle saber a tu niña que puede recurrir a su madre con todo. Le puede decir a la madre si pasa algo malo. Si los niños se sienten seguros, básicamente, eso es gran protección.*
>
> Yoko, 25; Sheila, 9; Matthew, 6; Karena, 2

Ya sea que hayas o no hayas sido víctima de matltrato o abuso sexual, tienes que hacer todo lo posible por proteger a tu niña o tu niño. Una de cada cuatro mujeres y uno de siete hombres en Estados Unidos va a ser víctima de maltrato o de violación sexual antes de los 20 años. La mayoría de los que cometen el abuso o la violación son conocidos por las víctimas.

Ciertas mujeres cometen abuso sexual contra los niños, pero la mayoría de los que abusan son hombres. Puede ser un desconocido, pero lo más frecuente es que sea alguien que el niño o la niña conoce. Puede ser amigo de la familia, tío, primo, padrastro, novio de la mamá, o hasta el mismo padre biológico.

Con frecuencia decimos a los niños: "No le hables a desconocidos". Pero esto no resuelve el problema porque la persona que abusa puede tener una relación cercana con el niño o la niña.

A ciertos niños les enseñan que los adultos siempre tienen la razón. Tienen que respetar a los adultos y obedecerles. Pero lo cierto es que nadie, adulto o niño, siempre tiene la razón. Y hay adultos que no se merecen el respeto de un niño o una niña. El niño o la niña tiene que saber que tiene razón para decirle "no" a otra persona, de la edad que sea.

Cuando platiques con los niños sobre la maneras buenas y malas de tocar, dales ejemplos concretos. Acariciar a tu gatito es una manera buena de tocar. Si el gato te rasguña, es una manera mala. Si una persona que te gusta mucho te da un abrazo, es una manera buena. Pero si ese abrazo te hace sentir algo raro, tal vez no es una manera buena de tocar. O si tu tío te da un abrazo y te sientes bien, pero hace alguna otra cosa y eso se siente diferente, ¿es una manera buena o mala de tocar?

Los niños pueden entender la diferencia entre la manera buena y la mala de tocar, o palpar. Podrías decirles que a veces el doctor tiene que examinarlos pero en ese caso, tú tienes que estar con ellos. Un buen médico da buena acogida a una madre o un padre durante el reconocimiento físico de un niño o una niña.

Un punto importante para enfatizar con los niños es que

pueden hablarte de todo. Nunca deben sentirse abochornados o avergonzados cuando hablan contigo. Enséñales los nombres correctos de las partes del cuerpo. Si no creen que deben decir las palabras pene y vagina, ¿cómo te pueden decir que alguien les pidió que se los tocaran? Nadie debe forzar afecto en una niña. Tu criatura tiene el derecho de decirle "no" al abuelo, aunque él quiera besarla o hacerle cosquillas. El abuelo se puede resentir, pero tú puedes hacerle entender que Jessica hoy no quiere que la abracen ni le hagan cosquillas. Jessica también necesita saber, por más pequeña que sea, que ella no abraza ni besa a nadie a no ser que ella quiera hacerlo.

## Programa "Heart to Heart"

Hace un par de años, después que nació su hijo, Kaye participó en el programa "Heart to Heart". Este programa, desarrollado por el "Ounce of Prevention Fund" en Chicago, enseña a los padres adolescentes a protegerse a sí mismos y a sus niños del maltrato o abuso sexual. Kaye explicó así:

*"Heart to Heart" me ayudó a aprender a proteger a mis hijos. Me hizo tratar con mi propio abuso sexual. Yo andaba de un lado a otro con anteojeras, lo mimo que mi mamá. Aprendí muchísimo en ese programa y lo traje a casa, a los niños.*

*Mi hijo tenía 2 años cuando yo asistí a "Heart to Heart". Me parece que el elemento clave es hablar sobre el abuso. No es tabú, algo de lo que sólo se habla en secreto. Nosotros hablamos franca y libremente.*

*Lo mismo que dices: "no toques esa estufa, está caliente", dices: "no permitas que nadie te toque tus áreas íntimas". Es necesario que sepan que alguien a quien ellos quieren les puede hacer daño".*

*Cuando yo era niña, [pensaba que] era como si alguien saltara de un zaguán, pero no fue así como sucedió. Podría ser tu padre, tu abuelo, tus tíos. Los niños*

*necesitan la infomación para protegerse en el ambiente*
*familiar en vez de escuchar siempre que se trata de*
*gente de afuera.*
   *Mi hija no tiene problema para decir las cosas.*
*Alguien se le acerca y le dice: "dame un abrazo, dame*
*un beso" y ella dice: "no" y eso está bien. Tienes que*
*respetar los deseos de los niños.*
   *Muchas veces el abuso sexual ocurre porque el niño*
*necesita afecto. No es eso lo que ese niño quiere, [pero*
*le sucede] lo que al niño de quien se abusa físicamente.*
*De todos modos va a querer a esa persona porque se*
*trata de cierta clase de atención.*
   *Yo todavía me preocupo por mi abuelo. Allá hay*
*otros niños, pero los míos no. Y eso me duele porque a*
*mí me gustaría que mis hjos tuvieran una relación con*
*mi abuela.*

Kaye

## ¿Afecta la crianza el maltrato o abuso?

Kaye se refirió a los efectos prolongados del maltrato o
abuso que sufrió. Sus hijos tienen ahora 11 y 8 años y la hija,
5. A pesar de todos sus esfuerzos por seguir adelante con su
vida, dice que ese maltrato o abuso ha tenido su efecto.

En primer lugar, explicó que su primer embarazo, a los
13 años, fue, sin lugar a dudas por el abuso. No se le había
permitido tomar decisiones sobre su propia sexualidad. No era
ella una verdadera pareja en lo que estaba sucediendo. Así que
un día tomó una alternativa y tuvo relaciones sexuales con el
chico del frente de su casa. Concibió y, a pesar de que la familia se horrorizó con el embarazo, para ella fue algo positivo:

   *Desde el principio mismo acepté el embarazo. Yo*
   *necesitaba a ese bebé y el embarazo paró el abuso*
   *por un tiempo. Casi que me mantuvo a salvo. Yo había*
   *empezado a sentirme muy  despreciable, muy anormal,*

con baja autoestima. Me sentía estropeada. Tener a ese
bebé me hizo sentir que alguien me quería otra vez. Me
hizo sentir que tenía un propósito en la vida. Por eso
acogí bien el embarazo.

Kaye también habló sobre los efectos negativos del abuso
o maltrato en su manera de criar:

*A veces me parece que no tengo mucho contacto*
*físico con los chicos. Con mis hijos, los abrazo y los*
*beso, pero a veces los aparto porque no quiero reflejos*
*sexuales de ninguna clase. Me siento más libre con mi*
*hija. Cuando mis hijos se quieren sentar en mi regazo,*
*no puedo bregar con eso. A veces, hasta bañarlos*
*cuando pequeñitos me incomodaba de veras. Eso me*
*parece lo negativo.*

*A veces puedo alejarlos de mí cuando me parece*
*demasiado. Pero ellos necesitan el afecto tanto como*
*mi hija. Yo pongo espacio entre nosotros y me gustaría*
*que no fuese así.*

Para criar bien a un niño o una niña, una madre o un padre
tiene que sentirse segura o seguro y tener buena autoestima.
En estudios con víctimas de maltrato o abuso sexual, las víctimas demuestran una valía propia muy baja. Tienen un índice
más alto de depresión y de drogadicción y tabaquismo.

Si la madre o el padre no tiene un buen concepto de sí misma o mismo, le va a ser difícil criar a una criatura con buena
autoestima. Tú no le puedes dar a otro algo que tú no tienes.

### "Por fin se lo dije a mi mamá"

*Tienes que hablar del asunto. Primero tienes que ser*
*sincera contigo misma. Acepta el hecho de que sucedió.*
*Tienes que tener franqueza contigo misma. Yo casi*
*perdía los estribos. Por tu propia salud mental, tienes*
*que decírselo a alguien.*

Denae

Si esto te ha sucedido a ti, ¿has confiado en alguien sobre tus experiencias? A menudo, el maltrato o abuso sexual se sufre en silencio. Se considera tabú, pero si no se reporta, la persona que abusa probablemente va a continuar abusando a otro. Las víctimas se preguntan si la gente va a creer su relato. O no quieren perturbar las relaciones familiares.

*Por fin le dije a mi mamá sobre mi abuelo porque ya no lo podía aguantar más.*
*Mi mamá se afectó mucho. Casi le dio un colapso nervioso. Esto la hizo enfrentar su propio abuso. Mi abuelo también había abusado de ella cuando niña. Ella siente gran culpabilidad porque si lo hubiera desenmascarado en aquel entonces, no habría tenido la oportunidad de hacérmelo a mí.*

Kaye

Hacer frente al abuso o maltrato sexual perpetrado en una hija (o un hijo) es, por supuesto, muy difícil para una madre. Puede ser que se eche la culpa, como en el caso de la mamá de Kaye, porque ella no había compartido la pesadilla del abuso de que era víctima. En otras familias, la madre a lo mejor tenía conocimiento del abuso, o por lo menos la víctima cree que lo sabe. Entonces, ¿por qué mamá no la protegió? Danae sigue preguntándoselo a sí misma:

*Tengo mucho resentimiento hacia mamá. Hasta hace poco visitaba a su novio en la cárcel, aunque él confesó (el abuso). Yo fui a terapia apenas él se entregó. Yo no puedo darme el lujo de enloquecer porque sería Dorian quien sufriría.*

Denae

## ¿A quién se lo dijiste?

Si tú has sido víctima de maltrato o abuso y no has recibido ayuda, no has hablado con nadie del asunto, lo sensato es, probablemente, hablar con alguien. Si no puedes hablar con tu madre, empieza con una amiga, una tía, tal vez una consejera en la escuela. Busca a alguien en quien puedas confiar. Tienes que buscar a alguien que realmente entienda la dinámica del abuso, ¡y el hecho de que el abuso no fue culpa tuya! Kaye notó que a veces la conversación quedaba en "¿Qué hiciste tú?" Dijo ella:

> *Si alguien te echa la culpa a ti, tienes que saber que no es culpa tuya en absoluto. Después que arrestaron a mi abuelo, el policía me dijo que aunque una prostituta se pare desnuda en la calle, nadie tiene el derecho de tocarla a no ser que ella lo permita. Eso me sirvió mucho.*
>
> Kaye

## La ayuda profesional es indispensable

Como una víctima de abuso o maltrato por lo general tiene muchas interrogantes y dudas, puede ser que necesite ayuda profesional. Es importante encontrar un consejero que entienda la dinámica del maltrato o abuso sexual, cómo puede el abuso afectar otros aspectos de tu vida, especialmente la crianza.

Si no sabes dónde llamar en tu área, llama a la línea gratuita de Sexual Assault Crisis Agency for Victims, al 562/597-2002. Allí te pueden encaminar a un consejero o sugerir dónde buscar ayuda en tu área, o ambas cosas. Además, en muchos estados, según Jan Stantos, ex directora de "Heart to Heart", la YWCA y la YMCA proporcionan ayuda para víctimas de maltrato o abuso sexual.

Si ninguna de estas fuentes te ayuda, puedes llamar al "Heart to Heart Program", parte de "Ounce of Prevention", en Chicago, al 312/922-3863, y preguntar dónde puedes obtener ayuda en tu área.

Ya sea que estés tratando de recuperarte del maltrato o abuso que has tenido que sufrir, o que estés decidida a proteger a tu niño del maltrato o abuso –o ambas cosas— tienes entre manos una tarea importantísima. *¡Mejor para ti!*

*Una satisfactoria relación de pareja requiere*
*mucho amor, respeto y atención.*

# 12

# El reto de la relación de pareja

*Todavía estoy joven, quiero tener amigas, quiero salir. También es frustrante para Nathan porque raras veces salimos solos.*

*Las cosas cambian, decía yo, "Ah, estoy tan enamorada". Todavía lo quiero, pero...a veces estoy tan estresada que le digo: "ah, ¿qué quieres?"*

*Antes de quedar embarazada, yo pensaba que todo iba a ser tan fácil – el bebé es adorable y somos una familita, pero no es exactamente así.*

*Nosotros nos estamos esforzando por continuar nuestra relación, pero me siento tan alejada de él. Él trabaja de 4 a.m. – 1 p.m., luego duerme hasta las 8 ó 9.*

*Entonces se levanta, pero yo ya estoy cansada y me*
*acuesto. Sin embargo, los dos estamos conscientes de*
*que Dakota necesita a su mamá y su papá.*

Zandra, 16 – Dakota, 11 meses

*Usualmente nos quedamos en casa con Dakota.*
*Salimos de vez en cuando, no muy a menudo. Eso hace*
*daño a nuestra relación porque a Zandra le gusta salir.*
*A veces parece como que vamos a la deriva y vamos*
*en distintas direcciones. No nos vemos mucho. Casi que*
*la única vez que veo a Zandra es cuando la recojo en la*
*escuela.*

Nathan, 20 – Dakota, 11 meses

## Criar sola

Muchas madres adolescentes crían a sus hijos solas. El
padre del bebé puede haber desaparecido cuando se enteró
de que la muchacha estaba embarazada. O tal vez siguieron
como pareja durante el embarazo, tal vez un poco más, luego
terminaron su relación.

Si tú estás criando sola, probablemente trabajas duro y, si
eres como otras madres solteras, a lo mejor te gustaría
compartir tus responsabilidades de crianza.

Pero si estás con el padre del bebé, o con otra pareja,
probablemente enfrentan juntos ciertos problemas de la
crianza. Las buenas relaciones requieren tiempo, esfuerzo y
energía, además de amor, lo mismo que la buena crianza que
requiere tiempo, esfuerzo y energía además de muchísimo
amor.

Es difícil criar sola, pero también es difícil hacer suficiente
tiempo y esfuerzo para tu pareja y tu niño. Tomar decisiones
relativas a las parejas es tal vez uno de los asuntos más
importantes que enfrentan las madres (y los padres)
adolescentes. Es probable que una relación fallida sea más
desgarradora cuando hay un niño de por medio.

Las madres de párvulos tienden a encontrarse en gran

variedad de relaciones. Sólo una de cinco madres adolescentes está casada cuando nace su hijo. A los tres años del niño, un alto porcentaje de esos matrimonios ha terminado. Para entonces, muchas madres (y muchos padres) adolescentes están con otra pareja.

## ¿Volverás a enamorarte?

*Yo soy muy cautelosa con los muchachos con quienes salgo. Si a él no le gusta Chandler, aunque sea el tipo más simpático del mundo, es adiós.*

Gretchen, 17 – Chandler, 13 meses

A veces una madre adolescente soltera podría preguntarse si alguna vez podrá tener una relación amorosa. Si un hombre sabe que ella tiene un niño, ¿querrá estar con ella? ¿O se quedará sola para criar al niño? Si se ven, ¿incomodará al niño esta situación? Elysha es un caso típico de madres adolescentes que dicen que esto no representa problema para ellas:

*El que yo tenga un hijo no le molesta a nadie. Yo había imaginado que muchos muchachos iban a pensar: "Bueno, tienes un niño así que ni me molesto". Pero muchos de los muchachos a quienes conozco están apegados a Antoine.*

*"¿Puede Antoine venir con nosotros?" me preguntan. A veces lo incluimos a él.*

*La única vez que salgo [de cita] es los fines de semana. Yo trabajo ocho horas al día, después recojo a mi niño en la escuela. Hacemos lo que tenemos que hacer en casa, nos acostamos y luego empezamos el día otra vez.*

Elysha, 21 – Antoine, 4

A veces a una párvula se le dificulta entender por qué mami la deja para salir con su novio:

*Cuando un novio viene a recogerme, Susie decide
que ella quiere ir. Se pone la ropa y me sigue hasta el
carro. Nosotros tratamos de explicar: "mami va a salir
y tú tienes que quedarte en casa".*

*Por lo general, mi mamá recoge a Susie y se la lleva
a la casa. Llora hasta que se da cuenta de que mami va
a regresar más tarde. Entonces se acuesta.*

Cathi, 18 – Susie, 34 meses

Si Cathi le dijera a Susie por adelantado sobre sus planes
para la noche, Susie podría aceptar mejor la situación. Tal vez
convendría que Cathi hiciera algo especial con Susie antes
de salir. Si la cita de Cathi significa que no podrá leerle un
cuento a Susie a la hora de acostarse, tal vez podrían tener una
lectura más temprano durante el día.

## ¿Será el matrimonio la solución?

*Me parece que Jenae nos ha hecho compenetrar a
mi pareja y a mí. Ahora que la tenemos, la cosa es así:
"Bueno, si vamos a estar juntos, y como no la aban-
donamos, tenemos que tener más tiempo para que tú y
yo hablemos". Creo que eso es importante. Hay mucha
confianza y mucha comunicación. Creo que por eso es
que hemos estado juntos por largo tiempo, cuatro años.*

*Quiero esperar hasta los 18 años para casarme. El
matrimonio no es juego. Es importante, algo con lo que
vives por el resto de la vida.*

Clancy Jane, 17 – Jenae, 23 meses

Ciertas parejas que crían en conjunto se mantienen juntas,
pero eligen no casarse durante el embarazo, o tal vez hasta
varios meses o hasta años después del nacimiento del bebé.
Muchas de estas parejas jóvenes cohabitan. Al principio
posiblemente van a estar con los padres de él o de ella porque
no pueden pagar un lugar propio. Para cuando el niño es
párvulo, a lo mejor ya tienen su propio apartamento.

Sin embargo, los padres de Rosemarie insistieron en que ella y Dick se casaran de inmediato apenas se enteraron de que la pareja esperaba. Rosemarie y Dick residieron con los padres de Rosemarie durante un año. La relación no anduvo muy bien en ese tiempo y se encantaron cuando por fin pudieron pagar su propio apartamento.

*Mudarnos no fue la solución a nuestros problemas. Peléabamos más y más. Entonces un día Dick me golpeó y hasta allí llegó el asunto. Mi papá nos tumbaba cuando éramos chiquitos. Yo me prometí entonces que cuando fuera grande nadie me iba a golpear. Yo le había advertido a Dick que lo dejaría si algún día él me ponía la mano encima. Y así lo hice.*

Rosemarie, 19 – Helen, 3

Lastimosamente, la violencia es parte de muchas relaciones de adolescentes (y adultos). Se requiere enorme valentía por parte de una mujer para salirse de esa clase de relación, especialmente si no tiene dinero ni adónde ir. Rosemarie por lo menos había completado su educación secundaria y adquirido ciertas destrezas de trabajo. Continúa ella su comentario:

*Para ser perfectamente franca, justo después del divorcio, yo no sabía cómo íbamos a sobrevivir. Pero no tenía alternativa alguna. No podía vivir con él. Ahora estoy tratando de rehacer mi vida y me estoy ajustando bastante bien.*

*Helen y yo residimos con mi hermana y su esposo y el bebé de ellos. No podemos pagar por un apartamento decente para las dos, así que comparto los gastos con ellos. Ahora no podría vivir con mis padres porque tratarían de hacerse cargo de todo. Con mi hermana es un poco diferente porque ella y yo somos iguales.*

Rosemarie

Si tú te encuentras en una relación de maltrato, haz todo lo posible por alejarte de esa situación. ¡Tú no mereces que nadie te golpee! Consulta la guía telefónica o pídele a la consejera de tu escuela o tu trabajadora social algo de información sobre refugio para mujeres en tu área, refugios donde acepten a mujeres con niños.

Probablemente el libro *Breaking Free from Partner Abuse*, por Mary Maraceck, te puede servir. (Ver apéndice). La obra incluye viñetas de mujeres en relaciones de maltrato así como sugerencias para escapar de tal relación. Además, puedes leer *Baby Help*, por Marilyn Reynolds, una novela sobre Melissa, una madre adolescente que cohabita con un novio que la maltrata.

## Divorciarse es difícil

Para ciertas parejas casadas, el divorcio puede ser la mejor solución a mucha desdicha. Pero el divorcio raras veces es fácil.

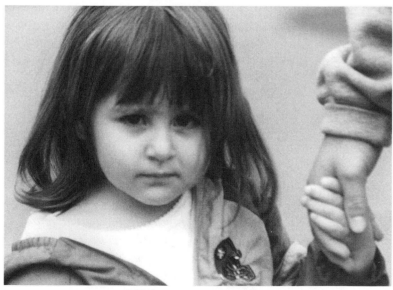

*Es importante para ella*
*que su mamá y su papá tengan una buena relación.*

A veces un consejero matrimonial antes del divorcio puede ayudar a que una pareja resuelva sus problemas. El divorcio rara vez es fácil para ninguno de los dos, y casi siempre es durísimo para los niños que tienen. El divorcio no resuelve los problemas. Son las personas involucradas las que tienen que resolverlos. Para algunos, el divorcio puede ser un paso necesario, pero no será fácil.

## Casarse o no casarse

Ya sea que nunca antes te hayas casado o que estés divorciada, puede ser que ahora estés considerando el matrimonio. Si es así, sería conveniente que tú y tu pareja dialoguen sobre cosas como las siguientes:

- ¿Quieren ambos pasar juntos el resto de sus vidas?

- ¿Trabaja uno de los dos y gana lo suficiente para mantener a la familia? Si sólo una persona trabaja, ¿está dispuesta a mantener a la otra y a tu niño?

- ¿Tienes vivienda propia? A la mayoría de las parejas les resulta más difícil establecer una buena relación mientras residen en casa ajena.

- Fíjate si las respuestas concuerdan en asuntos tan importantes como los siguientes:

  — ¿Cuándo vas a tener tu siguiente hijo?

  — ¿Seguirá uno de ustedes o seguirán los dos en la escuela secundaria?

  — ¿Quién se espera que trabaje? ¿El esposo? ¿La esposa? ¿Ambos?

  — ¿Quién tendrá la mayor responsabilidad de atender a tu niño?

Tú puedes pensar en muchas otras cosas que tienes que discutir a fondo antes de decidir pasar juntos el resto de la vida.

La confianza es un factor importante para una buena relación. Muchos jóvenes, todavía inseguros de su propia valía, tienen problemas con los celos. Si él sale sin ella, él debe tener una novia. Si ella sale con sus amigas, él está seguro de que ella se mete en algún problema. Domingo habló sobre este asunto:

> *Considero que la confianza es #1 en una relación. Si no consideras que puedes confiar en tu pareja, lo que debes hacer es acabar con esa relación.*
>
> *Yo tengo confianza en Lupe. Unos amigos míos me preguntan por qué la "dejo" andar con sus amigas. Y ella confía en mí. Mis amigos también dicen: "Ah, yo no le pregunto (si puedo salir) porque nunca me lo permitiría. Yo arranco y me voy". Nosotros pasamos tiempo aparte y no tenemos que preguntar por qué ni qué.*
>
> *Sin duda, es negativo para una relación el que un tipo no confíe en su pareja ni ella en él. No puedes compartir con alguien si no hay confianza mutua. Tiene que funcionar de ambos lados.*
>
> *Confías en esta persona para que ayude a criar a tu hijo. Confías en esta persona para darte de comer. Siempre tienes que poder contar con esta persona.*
>
> *Ciertos tipos dicen que confían en su pareja, pero cuando ella se va al centro comercial, él le pregunta: "¿A quién viste? ¿Qué hiciste?" Eso lo amarga todo.*
>
> *Si confías en alguien, no debes tener celos por nada. Tú creas esa confianza. Quieres confiar en que tu hijo se va a comportar bien y quieres confiar en la madre de tu hijo. Es muy triste no confiar en alguien.*
>
> Domingo, 22 – Lorenzo, 4

Tú y tu pareja podrían sacar provecho de leer juntos **Teenage Couples: Caring, Commitment and Change** y **Teenage Couples: Coping with Reality** (Lindsay). Encontrarán numerosas sugerencias para que una relación de pareja funcione, ya sea que estén casados o sencillamente cohabiten.

Al final de **Caring, Commitment and Change** hay una "score card" para decisiones matrimoniales de adolescentes. Tú y tu pareja podrían tomar esta "prueba" y luego comparar las respuestas. Tal ejercicio podría ayudarles a ver más claramente las áreas en que concuerdan y en las que no están de acuerdo.

Un cuestionario relativamente largo sobre actitudes hacia el matrimonio y cohabitación se encuentra en **Coping with Reality**. Completar el cuestionario juntos es también una guía excelente para empezar a hablar sobre asuntos importantes. Con mucha frecuencia, los miembros de la pareja no se comunican bien en cuanto al dinero, los hijos, las familias, preferencias de hogar, metas laborales y otros tópicos de vital importancia.

## Mejorar una buena relación

*Fue difícil porque él iba a trabajar y los dos estábamos en la escuela, pero los fines de semana hablábamos. Si algo nos molesta, dialogamos sobre ello y seguimos (el camino) a partir de allí.*

*Mis padres y yo no nos comunicábamos mucho ni los padres de él con él antes de que se divorciaran. Nosotros decidimos que platicar sobre las cosas es mejor que pelear y enfadarse mucho.*

Alaina, 17 – Calin, 4 meses

La relación con tu pareja puede complicarse más porque eres madre. Si la relación es deficiente, puede ser que, por tu niño, no te sientas con libertad para separarte. Si tu pareja no es el padre de tu niño, a lo mejor te preocupa el efecto que esta situación pueda tener en tu párvulo.

Si estás con una pareja, es probable que quieras que la misma sea lo mejor posible. Algo importante que se debe tener en mente es que ni él ni ella se debe sentir despreciado/a o maltratado/a por el otro o la otra.

Hay quienes hablan de una situación "mitad y mitad" – cada miembro de la pareja tiene derechos y responsabilidades iguales. Un porcentaje mejor es 60-60 – cada quien va más allá de la mitad para complacer al otro o a la otra. Al mismo tiempo, ambos tienen que darse cuenta de su propia importancia y estar dispuestos a salvaguardar su autoestima mientras hacer más de su parte para mantener una relación de cariño y atención con su pareja.

*Aunque las cosas anden mal o sean difíciles, tenemos que esforzarnos para mantener a nuestra familia intacta. Tenemos que pensar en Buchanan. Queremos criarlo de la manera apropiada, con una mamá y un papá, así que nos hemos comprometido a seguir adelante juntos.*

*Cuando peleamos . . . como anteriormente, cuando peleábamos, o él o yo decía: "Bueno, te voy a dejar". Pero llegamos a un acuerdo que cuando nos disgustemos el uno con el otro, no vamos a decir tal cosa.*

*Estamos de acuerdo en que si uno de nosotros se enoja, vamos a mostrar amor. Vamos a decir: "Ven acá, bebé, déjame abrazarte".*

Camelia, 16 – Buchanan, 6 meses

Mantener una buena relación no es fácil. Requiere muchos cuidados pero, para muchos, vale la pena. Vivir en una buena relación puede hacer que la crianza sea aun más satisfactoria.

## Ganarse a los otros padres

Cuando tú y tu pareja procrean un niño, llevarse bien con los otros abuelos por lo general es importante, tanto para tu niño y para tu paz mental. Ya sea que residas o no residas con los padres de tu pareja, probablemente quieres que tu niño pueda disfrutar de su abuelos. A veces hay que ganarse a esos abuelos:

*Cuando se enteró de mi embarazo, la mamá de Stan le dijo que no quería verme más, que diera al niño en adopción y que se enlistara en la Marina, como lo había planeado. "No le permitas interferir", le dijo su mamá.*

*La primera vez que vi a la mamá de Stan fue en el hospital porque no quería que sus vecinos supieran que yo estaba embarazada. No quería que su familia lo supiera ni nadie en su iglesia. Me quería invisible.*

*Stan y yo decidimos casarnos unos meses después del nacimiento de Ryan. La mamá de él trató de planear nuestra boda. Creo que lo más cerca que estuvimos de romper fue cuando me planté y le dije a Stan: "Si tú quieres planear esta boda con tu mamá, cásate con tu mamá. Si te quieres casar conmigo, vamos a planearla juntos tú y yo".*

Kristin, 23 – Ryan, 8; Tiana, 4

Sin embargo, Kristin decidió que no aceptaría una mala relación con los padres de su esposo. Tenían que llevarse bien por Ryan, y por eso tomó la iniciativa para mejorar las relaciones familiares:

*Las cosas empezaron a cambiar después que yo empecé a llevar a Ryan allá. Yo me llevaba bien con los hermanos y las hermanas de Stan y por eso siempre iba cuando ellos estaban en casa. Yo actuaba como que fuera una visita normal a abuelita y abuelito.*

*Entonces Stan empezó a ir conmigo.*

*Yo no quería explicarle a Ryan por qué abuelita no venía a visitar. No quería que pensara que abuelita no gustaba de mí porque quedé embarazada de él. Así que yo actuaba de manera normal y con el tiempo, la estrategia funcionó. Ella me respeta.*

*Nadie gana si tú te mantienes lejos. Yo no sé cómo supe que eso sería lo mejor, pero sí sabía que era malo*

*abrir una brecha más grande y yo no quería*
*interponerme entre Stan y su mamá.*

Kristin

Fomentar el contacto positivo entre tu niño y ambos pares
de abuelos, por lo general, es lo mejor para el niño y para
los abuelos. Kristin se ganó a los padres de su esposo porque
estuvo dispuesta a esforzarse. En aquel momento hubiera
podido ser más fácil decir: "Ellos no me quieren y yo no los
quiero a ellos. Eso es todo". Por el contrario, decidió que Ryan
iba a ganar. En el proceso, todo el mundo en esta familia salió
triunfador.

Ya sea que aún residas con tus padres o en tu propia casa,
fomentar una buena relación entre tu niño y sus abuelos es
importante.

## Planificación familiar

*Ahorita mismo ni se me pasa por la mente tener otra*
*criatura. Creo que apenas estoy aprendiendo con éste y*
*para tener que enseñar a otro, todavía no. Tal vez den-*
*tro de cinco años, tal vez cuando yo tenga un empleo.*

Clancy Jane

Numerosas adolescentes que tienen un niño tienen otro un
año o dos años después. A menudo, este segundo embarazo no
es planificado. De hecho, puede causar privaciones o apuros
para la joven madre:

*Yo no quería a Kerry – fue un completo accidente.*
*Yo estaba tomando la píldora, pero se me acabó y pensé*
*esperar hasta después de mi período. Este embarazo*
*me irritó mucho. Amy era la única que yo quería tener.*
*No me gusta tener dos criaturas. Pensé en hacerme un*
*aborto, pero por dentro sabía que no lo iba a hacer.*

*La mamá de su papá dijo: "Pero es mi primera*
*nieta" y mi mamá dijo: "No te vamos a aceptar bien en*
*casa si haces eso". Ésa es mi familia completa.*

Leslie, 20 – Amy, 27 meses; Kerry, 4 meses

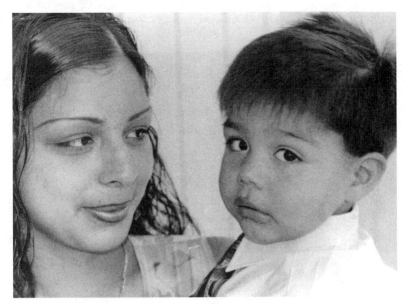

*Es probable que tú y tu hijo tengan la vida que quieres
si no tienes una segunda criatura muy seguido.*

## ¿Cuáles son tus opciones?

*Una vez que estás embarazada, te toca a ti decidir si
lo vas a abortar o te vas a quedar con él. Yo no
menosprecio a nadie por un aborto, porque si sabes que
no vas a estar contenta con esa criatura, es aun más
trágico si no vas a estar contenta.*

*Después de dar a luz, toda muchacha debe atenerse
a un método de control de la natalidad. Creo que si yo
salgo embarazada otra vez es porque quiero otro bebé.
Si estás en una relación con una persona, ambos deben
responsabilizarse.*

*Con un niño, puedo seguir adelante y hacer lo que
quiero. Con dos o tres y sin esposo, estaría realmente
limitada. No quiero otro niño hasta que me case.*

Shirley, 20 − Virginia, 4

Si no estás embarazada en este momento, tienes tres
opciones en cuanto a un embarazo. Una es obvia. Si no tienes

relaciones sexuales, no te vas a embarazar. La mayoría de las estudiantes de secundaria todavía eligen este método. Si ves estadísticas que indican que el 25 por ciento de todas las muchachas de 15 años han tenido coito, eso significa que el 75 por ciento no lo ha tenido.

Tu segunda opción es usar un método de control de la natalidad si tienes relaciones sexuales. Si no quieres otro bebé, esto es esencial:

*Tengo una amiga que no usa control de la natalidad porque dice que no quiere hablar de eso con el novio. Yo le digo que si se avergüenza de hablar con él no se debe acostar con él. La idea es ridícula.*

Melinda, 15 – Robin, 9 meses

Muchas adolescentes piensan: "A mí no me va a pasar. Yo no voy a salir embarazada". Pero en una de cada 25 parejas va a haber embarazo al momento del primer coito. De las parejas que tienen coito doce veces sin usar anticonceptivos, en la mitad va a resultar un embarazo.

¿Andarías en un auto si supieras que la mitad de los que han andado doce veces van a tener un accidente serio? Si no estás preparada para atender a un bebé, o si ya tienes uno y no estás preparada para otro, un embarazo no planificado es ciertamente un "accidente serio".

*Si quieres ser una persona independiente, no puedes depender del hombre para usar control de la natalidad. La independencia es importante para mí – siempre lo ha sido. Si tú eres quien usa control de la natalidad, estás segura.*

Darla, 17 – Janis, 2

Los varios métodos de control de la natalidad se explican en **Tu embarazo y el nacimiento de tu bebé.**

Tu tercera opción es salir embarazada. Si tienes relaciones sexuales y no usas control de la natalidad, aparentemente ésta es la opción que has elegido.

Si estás embarazada en este momento, aún tienes dos opciones además de criar a tu hijo sola. Puedes abortar o puedes dar a la criatura en adopción.

Colocar a un bebé en adopción solía ser la "solución" para una muchacha soltera embarazada. Sin embargo, hoy en día, menos del cuatro por ciento de adolescentes solteras embarazadas optan por la adopción para su criatura. Ésta en realidad puede ser la decisión más amorosa y atenta que puede hacer una madre natural. Para mayor información sobre la adopción, y para relatos personales de madres jóvenes que eligen esta opción, consultar *Pregnant? Adoption is an Option,* por Lindsay.

## Suficiente tiempo para el primer niño

Muchas madres y padres jóvenes quieren espaciar a sus hijos para darle a cada uno el amor y la atención que requiere. También se dan cuenta del gasto de un hijo y prefieren esperar por lo menos dos o tres años para tener otro bebé.

Existen muchas razones para dilatar o demorar ese segundo bebé, razones prácticas, por ejemplo, ¿cómo vas a poder sufragar los gastos de otro niño? Una de las razones más cariñosas es que quieres tener suficiente tiempo y energía para darle a tu primer hijo la atención que necesita. Muchos padres jóvenes consideran que es mejor para un párvulo si es hijo único durante por lo menos dos o tres años.

Criar a un niño o a varios niños es una experiencia formidable. Va a ser más formidable si tienes los recursos — tiempo, dinero, relación — que necesitas para criar bien. Tu hijo y tus futuros hijos te lo agradecerán.

*"Yo no quiero poner la vida de mi hijo en peligro".*

# 13

# Pandilla ("ganga" o "mara") vs. crianza

- El embarazo puede ser una excusa/solución fácil

- ¿Tiene efecto sobre la crianza la participación en pandillas?

- ¿Por qué afiliarse a una pandilla?

- ¿Ropa de pandilla para bebés?

- ¿Se afiliará tu hijo a una pandilla?

- Salirse

*A mí me han apuntado con pistola y eso no es nada divertido. Una vez Lupe y yo y mi hijo cruzábanos la calle, sólo regresábamos del parque. Un carro nos cortó el paso y yo me enojé tanto que le metí un capirotazo al chofer. Éste decidió volver, él y dos mujeres. Me apuntó con una pistola. Lupe iba empujando la carriola de mi hijo, que sólo tenía 6 meses.*

*Lupe se echó a llorar y les gritaba: "No lo maten" y yo estaba mudo; fue un tremendo susto. Las chicas en el carro le decían al tipo que se volviera al carro y finalmente se fue.*

*Desde ese momento pensé que debo controlar mi temperamento.*

*Alguien podría reaccionar peor. Yo puse la vida de
mi hijo en peligro.*

*Antes, cuando estaba en una pandilla, podía salir
corriendo y no preopuparme de que dejaba a nadie
atrás. En este caso, yo no podía irme así nomás.*

Domingo, 22 – Lorenzo, 4

*Donde yo vivía había más pandillas que ninguna
otra cosa. Los jóvenes no tienen nada que hacer y por
eso las pandillas son especialmente importantes para
los más jóvenes. Si tenías plata, podías andar con los
futbolistas y otros, pero si no tenías plata, las pandillas
estaban esperando. También es que yo tuve una niñez
mala y tenía mucha cólera por dentro.*

*Salirme – fue poquito a poquito. Alguien bien
allegado a mí murió y yo estuve presente y lo vi todo.
Eso me hizo despertar de muchas maneras porque yo
había pensado que todo era diversión y juegos. Antes
nunca pensaba más allá de lo que estaba haciendo en el
momento. Fue como un chequeo de la realidad.*

*Hay quienes no se salen de la pandilla porque tienen
demasiado miedo. Yo sabía que no iba a ser fácil. Yo
también tenía miedo, pero confronté a la gente antes
de que pudieran confrontarme a mí. Mi novio no me
conocía en ese período de mi vida.*

*Mudarme a otro lado me dio la oportunidad de
recapacitar. Yo conozco a muchachas que tienen bebés
con ellos. Siguen allí asaltando y apaleando a la gente
por la ropa que se ponen, pero no son madres
verdaderas.*

*Yo me alegro de haberme salido de esas cosas de
pandilla antes de que naciera Dakota. Un amigo mío
de la pandilla tenía una niñita. Él se encontraba en el
lugar equivocado a la hora equivocada y la abalearon
a ella, le mataron a su hijita, por equivocación.*

Zandra, 16 – Dakota, 11 meses

# El embarazo puede ser una excusa o solución fácil

*Muchas amigas mías, cuando quedaron embaraza-*
*das, dijeron: "Esto no es para mí". En mi opinión,*
*algunas de ellas quedaron embarazadas porque querían*
*salirse de la pandilla. Casi todos los novios de ellas*
*siguen todavía en la pandilla y no les están ayudando a*
*mantener al chiquillo.*
*Yo le digo a mi hermanita que si ella se mete en una*
*pandilla, nosotros empacamos y nos mudamos. Porque*
*cuando necesitas algo, ellos [los pandilleros] no van*
*a estar allí para apoyarte. Cuando necesitas a alguien*
*con quien hablar, lo que van a hacer es reírse de ti y*
*darte la espalda.*

Bridget, 18 – Barnaby, 6 meses

Miles de jóvenes por todo el país son miembros de
pandillas, "gangas" o "maras". Puede ser que se afilien, los
obliguen, antes de llegar a la adolescencia. Se hacen
miembros de la pandilla porque quieren pertenecer a algo.
Quieren ser parte de un grupo. El apoyo que se dan los
miembros unos a otros puede ser positivo. Puede ser que se
sientan protegidos de otras pandillas.

La afiliación a la pandilla también puede significar
participación en consumo de alcohol y drogas, robar, tener
relaciones sexuales involuntarias y violencia. La violencia
pandillera a menudo se reporta en los periódicos y los
pandilleros cuentan cómo han visto el asesinato de sus
amigos. Muchas escuelas no ofrecen seguridad a los
estudiantes a causa de la actividad de las pandillas.

Kelsey consideraba que la pandilla era su familia. Cuando
murió su mamá, todos sus compañeros y compañeras fueron
al funeral. "Ellos como que me sostuvieron", explica ella. Se
mudó con su padrastro, quien se iba de la casa los fines de
semana. La casa se convirtió en guarida para la pandilla. Pero
después que nació Kamie, Kelsey tuvo consciencia de que las
cosas tenían que cambiar:

*Después que nació mi hija, empecé a calmarme y
mi estilo de vida cambió. Estoy aburrida de oír: "la
pandilla es mi familia. Me apoyan cuando otra familia
no lo hace". Eso ni siquiera es cierto. Te apoyan si
tienes un lugar donde fiestear, o si puedes conseguir
drogas. Nosotros teníamos la casa, nosotros teníamos
las drogas, nosotros teníamos las muchachas. Podían
venir el viernes por la noche y el sábado por la noche e
irse el domingo.*

*Eran mis amigos, pero no estaban presentes cuando
nos echaron de la casa; ¿dónde estaban cuando yo
necesitaba a mi mamá? ¿Cuando necesitaba dinero?
Los muchachos, las fiestas, todo eso suena muy bien,
pero después de un tiempo, empiezas a mirarlo todo y te
dices: "¿Qué es lo que realmente hacen por ti?"*

Kelsey, 19 – Kamie, 21 meses

Lucas y Kelsey ahora cohabitan y Lucas trabaja a tiempo
completo. Él también era miembro de una pandilla:

*Antes, yo desfogaba y salía a la calle a buscar a
alguien a quien golpear. Ése era yo y nada me
importaba. Pero ahora tengo una hija y tengo que darle
el buen ejemplo. Empecé en el 7º y 8º grados y cuando
llegué al primero de secundaria, nada me importaba.
Yo siempre hacía mis tareas porque aún tenía sueños.*

*Yo no quería estar en el mismo lugar haciendo las
mismas cosas todos los días. No quería estar en la cárcel. No quería estar enganchado con drogas,
mendigando en la esquina.*

*Tal vez (la causa) fue haber visto las que tuvo que
pasar mi mamá. Éramos bien pobres. Cuando me
preguntaban qué había cenado, yo no quería decir
que arroz y frijoles. Y mi hermano, siempre andaba
encarcelado, entraba y salía. Decidí que esto tenía que
acabarse ya mismo en mi familia.*

Lucas, 21 – Kamie, 21 meses

## ¿Tiene efecto sobre la crianza la participación en pandillas?

Si alguien de la pandilla queda embarazada, o es padre de una criatura, ¿tendrá algún efecto sobre la criatura la participación de la madre o del padre en la pandilla? ¿Es posible ser buena madre o buen padre si se participa activamente en la pandilla? Riley cree que no:

*Yo he estado presente en reuniones con pandilleros donde ellos llevan a sus hijos. Los chicos corren de un lado a otro y escuchan todo lo que se dice. Allí todos tenemos revólveres, caminamos con ellos, bebemos, jugamos con los otros chiquillos, fumamos yerba, y a los muchachos, los padres, no les importa. Pero en esos momentos realmente no piensas en eso porque no son tus hijos.*

*Si yo le aporreaba la cara a alguien, o lo golpeaba con algo, o el otro está en el hospital, o lo dejaba para que se muriera, sólo porque es de un vecindario diferente, yo miraba y pensaba, éste es el bebé de alguien, aunque tenga la misma edad que yo.*

*Miré a mi hijo y pensé: ¿Será como yo? Pensé que*

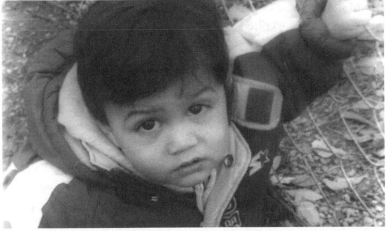

*"Ahora no puedo pensar sólo en mí. Tengo a un hijo en quien pensar".*

*puedo perder a mi hijo por la violencia pandillera. Mi
familia entera está metida en pandillas, mi mamá, mi
papá, mis tíos. Pensé que las cosas tienen que cambiar.
Dorian es el que va a ir a la escuela para aprender, no
a andar por las calles haciendo algo malo.*

*Ahora no puedo pensar sólo en mí. Tengo a un hijo
en quien pensar. Tengo un bebé hermoso que necesita
muchísimo cariño. Cuando no tengo trabajo, me siento
mal. Casi casi que se me ocurre salir y robar, vender
drogas, pero las cosas siempre se arreglan. Ahora me
gusta mi nuevo estilo de vida. Voy a trabajar y traigo a
casa un buen sueldo. Todo anda bien en este momento y
nos vamos a casar el año que viene.*

Riley, 18 – Dorian, 11 meses

En las pandillas, a veces tratan al bebé como si fuera una
mascota o un juguete. Los pandilleros a lo mejor ni siquiera
piensan en las necesidades ni la seguridad del niño. El amor y
el nutrimento que necesita una criatura son difíciles de
obtener.

Las pandillas varían mucho de una a otra y por eso es
difícil generalizar. Sin embargo, muchos jóvenes consideran
que la maternidad (y/o paternidad) es una buena razón para
salirse. Shaheen explicó por qué ya ella no forma parte de la
pandilla:

*Me di cuenta de que no iba a ninguna parte, hacien-
do todas esas cosas. No me ayudaba para nada, sólo
estar con mis amigos. Yo me alejé de todos y les dije
que tenía que atender a mi hijo.*

*El papá de mi bebé estaba en la pandilla y ahora
está en la cárcel. Yo no quiero saber nada de él.*

*No me gustaría que Brandt se hiciera pandillero
cuando sea mayorcito. Hay tantas cosas malas que le
podrían pasar metido en esas cosas. Lo pueden matar.*

Sheleen, 15 – Brandt, 1

Hay quienes se alejan de la pandilla sin problemas. Otros enfrentan atropellos. Theo explicó su situación:

*Cuando me di cuenta que estaba embarazada, dejé de hacer locuras. Dejé de robar y entrampar por el embarazo. Cuando Nicklaus tenía cuatro meses llamé a mis compañeros y les dije: "Quiero salirme". Estábamos en casa de Mousey cuando asaltaron. Me llevaron al otro cuarto y me dieron duro en la cara. Mi bebé no me oía llorando o gritando, pero él tenía mucho miedo. Me lo trajeron a los cinco minutos. Cuando me lo trajeron, él no dijo nada, fue como si estuviera al tanto de mi tristeza. Me preguntaba con la mirada: "¿Estás bien?"*

*Yo no quiero que mi hijo sea así de ninguna manera. Ni siquiera quiero que se ponga jeans bombachos o siquiera que se afeite la cabeza, o nada que tenga que ver con violencia.*

Theo, 19 – Nicklaus, 9 meses

Theo ahora tiene consciencia de que, de estar en sus manos, hubiera sido mucho mejor dejar a Nicklaus con su mamá o una amiga durante esos momentos. Los bebés y las pandillas no se mezclan bien. La verdad es que un bebé, aunque sea pequeñito, se ve afectado profundamente por la violencia que lo rodea.

*No es bueno para nadie hacer daño a otros cuando sus niños están en los alrededores. La gente debería darse cuenta de que sus bebés van a recordarlo por el resto de la vida.*

Francella, 19 – 7 meses de embarazo

Cuando una persona decide salirse, a lo mejor lo más prudente es asegurar a los miembros que no es por rechazo a ninguno de ellos. Es que él o ella no puede manejar la acción ni arriesgarse más. Por lo general no es necesario rechazar a personas, parientes ni tampoco amigos.

## ¿Por qué afiliarse a una pandilla?

*Te metes en las pandillas por el afecto, por el cariño, te involucras por el poderío, te involucras por el territorio. Te das cuenta que tienes mucho apoyo cuando abres la boca. Te arriesgas y no importa hasta que ese riesgo te alcanza.*

Lonnie, 16 – 8 meses de embarazo

Varios jóvenes explicaron sus razones para meterse en una pandilla. Por lo general, consideraban que su familia no se preocupaba por ellos.

Posiblemente, el papá estaba ausente desde que tenían memoria. La mamá a lo mejor estaba muy ocupada luchando por mantener a la familia intacta y no le quedaba ni tiempo ni energía para ellos.

*¿Por qué se meten los chicos en pandillas? Tal vez es que no tienen suficiente atención de parte de sus familias y quieren estar con sus amigos. A lo mejor no tienen a nadie con quien hablar, nadie como ellos, y quieren hacer lo que les da la gana.*

*¿Por qué me metí yo? Me imaginé que era divertido, salir con mis amigos. No sé, era lo que había que hacer. Creo que si no hubiera estado embarazada, todavía estaría en la pandilla.*

*Creo que los padres de un niño no deben estar en una pandilla. Si estás en una, puedes tener muchos enemigos y en realidad a nadie le importa si estás con tu bebé. Puede ser que quieran empezar algo. Si a las muchachas no les gusta mi amiga (que está en la pandilla), realmente no les importa si el bebé está con ella.*

Sheleen

La pobreza puede ser abrumadora. En ciertas áreas existen pocas actividades para los jóvenes y la pandilla parece llenar esa necesidad.

*Si sus padres le proporcionan mucha atención,
hay menos probabilidad de que él elija la vida en pandilla.*

*Cuando vives en un área donde no hay dinero y la
gente siente enfado y frustración, es más probable que
suceda.
Me parece que yo me metí a la pandilla en busca
de atención. Mi mamá siempre estaba trabajando y no
es de mostrar cómo se siente. Estaba allí en cuerpo
solamente. Creo que si yo hubiera obtenido la atención
que necesitaba, no hubiera buscado nada en otra parte.
La pandilla era como mi segunda familia.
Muchos muchachos sienten lo mismo, que no tienen
a nadie. Creo que los que se salen como que han
crecido un poco. No es una forma de vida. Es una triste
forma de vida.
Por eso es que voy a educarme. No voy a depender
de nadie para que me mantenga.*

Zandra

En una parte anterior de este capítulo se cita a Riley. Dice él: "Pensaba para mis adentros que esto tiene que cambiar. Mi hijo es la siguiente generación". Su pareja explicó por qué cree ella que Riley se metió en una pandilla:

*Riley creció sin su padre. Su papá golpeaba a su mamá. Su papá ha estado entrando en y saliendo de prisión. Su padrastro entra en drogas y sale de drogas continuamente, de modo que Riley nunca tuvo un modelo masculino sólido. Se sentía estúpido porque los otros muchachos se burlaban de él. Quería amigos de la peor manera, así que lo metieron en una pandilla.*

*Nunca se salió de la pandilla. Sólo dejo de andar por ahí. Tú no les debes ninguna clase de explicación. Sólo sigues con tu vida y ya.*

*Ambos queremos lo mejor para Dorian. Quemos que tenga lo que nosotros no tuvimos, un buen hogar, con una relación estable.*

Denae, 16 – Dorian, 11 meses

## ¿Ropa de pandilla para bebés?

*Yo no estoy de acuerdo con que a los bebés se les ponga ropa de pandilla. Tampoco estoy de acuerdo con que se les afeite la cabeza. Si quieres cortarles el cabello, hazlo con ese gracioso corte de tazón. Cuando se les hace calvos, eso no se ve apropiado, no es gracioso. Son bebés.*

Samantha, 16 – Kaylie, 20 meses

Los bebés y los párvulos son graciosas personitas que generalmente lucen bien, sea lo que sea que lleven puesto. Sin embargo, a casi todas las madres les encanta vestirlos lo más atractivamente posible. Muchos padres quieren que los niños se vistan de forma parecida a ellos. Un párvulo en una finca, por ejemplo, tal vez lleve overoles o monos o jeans casi siempre. Una niña que reside en la playa a lo mejor viste traje de baño del color del de su mamá. La camisa de otro párvulo

*No necesita llevar ropa de pandilla.*

puede que haga par con la de su papá.

A los niños pequeños les encanta imitar a sus padres y por lo general consideran que es fantástico llevar ropa igual a la de mamá o papá.

¿Se extiende esto al atuendo de pandilla? Los padres jóvenes a quienes entrevistamos no lo creen.

> *Creo que la forma en que te vistes es la forma en que te comportas. Los que visten a sus hijos con ropa de pandilla, eso no es correcto. Es cierto que te estereotipan, haya razón o no haya razón para ello. Yo no quiero que nadie les dé un balazo por la ropa que llevan encima. Hay muchos enfermos (mentales) suel- tos. A un fulano en mi cuadra lo metieron bala por llevar un sombrero rojo.*
>
> Kerrianne, 19 – Sergy, 3; Leonardo, 4

El papá de Sergy y Leonardo continuó el comentario:

> *Trato de no vestir a mis chicos como pandilleros. No quiero que los juzguen por la manera en que visten. La*

*manera en que vistes a tus hijos es una indicación de
cómo quieres tú que crezcan.*

*En nuestra sociedad, la ropa tiene efecto. Yo he
notado que a muchos, sólo por vestirse con ropa de
bombacho, los consideran pandilleros.*

*A medida que maduras, el sentido común te dirá
que la pandilla no te lleva a ninguna parte. Esos tipos
no van a ponerte comida en la mesa ni techo sobre la
cabeza.*

Glen, 25 – Sergy, 3; Leonardo, 4

## ¿Se afiliará tu hijo a una pandilla?

*Al principio de mi enbarazo, fue como, sí, estoy
embarazada, no es nada del otro mundo. Pero cuando
me hicieron el primer sonograma y vi a esta personita,
empecé a pensar. ¿Quiero que digan: "Tu hijo está en
una pandilla" o "Tu hijo le disparó a mi hijo"? Me
puse a pensar que aún tenía la opción.*

Vivienne, 19 – Trevor, 2

Por lo menos 25 de los jóvenes madres y padres entrevistados para este libro en algún momento estuvieron en pandillas. La mayoría ya no formaban parte de ninguna. Ni un padre ni una madre me dijo que quería que su hijo o su hija se metiera en una pandilla.

Hablaron sobre estrategias que podrían prevenir que sus hijos tomaran ese camino. Hicieron énfasis en la importancia de mantenerse involucrados con su hijo, en "estar presente" para ese niño.

Hablaron sobre sus padres que estaban muy ocupados o eran demasiado pobres para mantenerlos o apoyarlos en la escuela o las actividades comunales, y de la diferencia que hubiera sido posible en sus vidas si los padres hubiesen participado en los deportes, por ejemplo.

*Queremos que Dakota participe en deportes. Creo
que el entrenador les enseñará a los niños la vía*

*correcta, les dará disciplina, les enseñará a ser
puntuales, a trabajar duro. Yo noté la diferencia
cuando participaba y cuando no participaba en
deportes. Cuando participaba, conocí a mucha más
gente y la escuela era más interesante.
Tienes que mantener tus calificaciones y cuando
yo tenía que mantenerlas, aprendía más. Cuando no
participaba, me quedaba en casa y miraba la TV. El
camino parecía no ir a ninguna parte. Yo estaba allí
plantado.*

Nathan, 20 – Dakota, 11 meses

También hablaron mucho del amor y cariño, de la
importancia de expresarlos a su hijo.

*Creo que lo básico para la crianza de un niño es el
amor. Me parece que llegará lejos en la vida si sabe
que siempre puede venir a su casa y comer una buena
comida casera con su familia. Y no va a tener que
buscar una pandilla o estar en la calle porque se sentirá seguro de sí mismo.
He visto a muchos padres que dicen: "Mi hija está
metida en una pandilla. Me rindo". Si sólo le dijeran
a esa hija: "Te quiero mucho". Tres palabritas que
pueden hacer cambiar tantas cosas.*

Camelia, 16 – Buchanan, 6 meses

La relación que creas con tu niño es el factor más importnte
para protegerlo de las pandillas y la violencia. Más información sobre esta materia en "Enseñar al niño a evitar la
violencia", capítulo 10, ***La disciplina hasta los tres años***,
por Lindsay y McCullough.

## Salirse

*En este vecindario hay muchas pandillas, mucha
violencia por aquí. El otro día mataron a un tipo aquí
mismo en mi calle.*

*Mi novio estaba en una pandilla antes y perdió a muchos amigos. Su mejor amigo murió en sus brazos. Casi todos los de su pandillas o están muertos o en la cárcel. Él cambió cuando me conoció. Cuando me conoció acababa de salir de la cárcel. Después quedé embarazada y él no ha vuelto a la cárcel en cuatro años. Anteriormente, cada seis meses iba a dar a la cárcel.*

Mariaeliza, 17 – Vincent, 3

Ciertas pandillas dificultan mucho la salida de un miembro. Si tú te encuentras en esta situación y quisieras cambiar tu estilo de vida, ¿has considerado mudarte de vecindario? Para algunos, esto parece ser la mejor solución. También es posible que sea una decisión sumamente difícil. Aunque quisieras salirte, ¿adónde irías?

¿Tienes algún pariente u otro buen amigo con quien mudarte? ¿Un hermano o una hermana mayor que piense mudarse y te puede llevar consigo? ¿Qué tal conseguir una compañera de casa u otra pareja que te acoja en otra área? Aun unas cuantas millas de distancia pueden tener un buen efecto.

Si tú no tienes los recursos y si tus padres, tus parientes, tu pareja o tus amigos no pueden o no quieren ayudarte, tienes que buscar ayuda en otro lado. El ex jefe de policía Richard Tefank, de Buena Park, California, comentó: "Salirse requiere buscar cierta ayuda. Si quieres irte de tu vecindario de todas maneras, creo que puedes hacerlo.

Eso significa contactar las iglesias locales. Por lo menos allí te darán cierto apoyo y si necesitas hablar con alguien, ése es un buen lugar. Después, yo iría a Child Protection Services. Anda allá y di: 'Quiero irme de este ambiente con mi hijo. ¿Quién me puede ayudar?' No vas como cliente de Protection Services. Vas en busca de ayuda y a lo mejor puedes hacerte de una trabajadora social que te apoye, que puede pensar: 'Voy a ayudarle a esta persona porque si no, puede resultar cliente mía'.

También sugeriría yo que contactaras a las autoridades (la policía) porque ellos siempre están al tanto de muchos recursos. Si no tienes recursos económicos, ni apoyo familiar, va a ser bien difícil".

También vas a encontrar mucha ayuda si te pones en contacto con algunos de los otros recursos de apoyo que se enumeran en el capítulo 14.

Lonnie tenía un extenso historial de arrestos, encarcelamiento, colocación en hogares de crianza. Sólo cuando quedó embarazada cambió su vida. Se mudó otra vez a casa de su mamá y por primera vez en muchos años tuvo una buena relación con su progenitora. Lonnie volvió a la escuela y hasta llegó a ganar un premio de una organización filantrópica local. Ella da crédito a su maestra y a su mamá por apoyarla, pero más que a nadie, le da crédito a un detective de la comunidad:

*Se suponía que me iban a pescar porque me escapé de un hogar de crianza. Uno de los detectives que ya me había pescado cuando era bastante pequeña, creo que vio algo en mí desde el principio. Creo que vio algo más que una aspirante cualquiera.*

*Cuando fue a casa de mi amiga a buscarme, me dijo: "Yo sé que hay algo más, y tengo que darte una oportunidad para que encuentres ese algo".*

*Cuando él me dijo eso, eso como que tuvo sentido. Después, cuando quedé embarazada, él habló con mi mamá. Hasta el día de hoy desde que me lo dijo, no me he metido en líos. Quiero devolver algo a la sociedad. Para mí, él fue como una especie de ángel de la guarda. Yo hablo con él a menudo. Él me llama para comprobar cómo estoy.*

Lonnie

Hay ayuda disponible, pero es posible que tengas que esforzarte mucho para encontrar la ayuda que necesitas para poder tener la vida que quieres para ti y para tu niño. *¡Tú y tu niño valen todo el esfuerzo!*

*La graduación es un regalo importante para ti y para tu niño.*

# 14

## Tu futuro –
## el futuro de tu niño

*Yo antes odiaba la escuela, pero ahora que tengo a Vincent es diferente. Quiero ir a la universidad porque quiero ser una persona mejor para mi futuro y el de él. Nunca tuve buenas relaciones con mis padres. Me sentía como si estuviera sola en el mundo. Vincent ha cambiado mi vida enormemente. Ahora tengo a alguien.*

Mariaeliza, 17 – Vincent, 3

*Me voy a graduar este año y después iré a la universidad. Quiero ser trabajadora social, trabajar*

*con la gente que recibe cupones de comida. Siempre me
ha gustado trabajar con la gente, gente muy necesitada.
Dejé de asistir a la escuela por un tiempo y me
parecía como que todo el mundo estaba en contra
mía. Entonces me dijeron que había un programa
para madres adolescentes y fui allí. Empecé las clases
atrasada, en noviembre, y asistía un mes sí y un mes no.
Pero cuando tuve a mi bebé, me metí en la escuela.
Yo siempre había odiado la escuela, detesto desper-
tarme. Siempre estaba de mal humor. Pero una vez que
tuve a mi hija, el cambio fue exactamente a lo contrario
porque sabía que todo lo que aprendiera era para ella.
Ahora, en la escuela me siento como en casa.*

Clancy Jane, 17 – Jenae, 23 meses

## Proyectos futuros

Tu niño pronto va a cumplir tres años. ¿Qué planes para el
futuro tienes en mente para él y para ti? Si estás con tu pareja,
¿estás siguiendo tus sueños de una vida satisfactoria en
pareja? ¿Son ya una familia independiente, o están en camino
de independizarse?

Si estás sola o con otra pareja, ¿qué planes tienes para el
futuro? Si tienes que hacerlo, ¿estás en condiciones de mantener a tu niño? Si no tienes esa capacidad todavía, ¿qué estás
haciendo al respecto? ¿Sigues en la escuela? ¿Estás aprendiendo destrezas de trabajo? Ya seas la madre o el padre, es
esencial que puedas mantenerte a ti misma o mismo y a
tu niño.

*Aunque esté casada, la muchacha debe conseguir
empleo y aprender a ser independiente, especialmente
con tantos divorcios como hay hoy en día. Si nunca
aprendió nada, si se salió de la escuela por el
embarazo y se casó, lo único que está aprendiendo es
a limpiar y cocinar. Después de eso, no sabe gran cosa
si no consigue un empleo.*

*Al principio de mi embarazo yo no me quería mucho
a mí misma. Después, pensé en lo que era yo y decidí
que no quería que Janis creciera como crecí yo.
Tuve que cambiar mucho de mi actitud y pensar en
lo que quería hacer para cambiar.
Es tan frecuente que la madre sea la que tiene que
mantener al hijo. A mí me gusta trabajar porque me
hace sentir más independiente. No tengo que depender
de nadie.*

Darla, 17 – Janis, 2

## Responsabilidad económica

*Yo estaba trabajando en construcción y ganaba un
poquito más que salario mínimo. [Un día] me dije:
"Bueno, vamos a traer a una criatura al mundo y voy a
tener que mantenerla". Le dije a mi cuadrilla de
construcción que iba a ser papá y quería que me
aconsejaran.*

*"Vete ya", me dijeron.*

*Y también "que lo aborte".*

*Yo me aguanté y cuando nació Francene, teníamos
beneficios, así pudimos pagar las cuentas médicas.
Pero tantas cosas más me pasaban por la mente. ¿Voy
a poder comprar comida? ¿Pagar las cuentas? Las
responsabilidades nunca se acaban.*

*Me preocupaba ser padre. ¿Cómo podría hacer bien
el papel de padre, alguien que se supone que lo sabe
todo? ¿Cómo puedes encarnar la reputación de padre?*

Julio, 24 – Francene. 4; Alina, 3; Gloria, 1

Ciertos padres y ciertas madres adolescentes no mantienen
a su hijo porque aún están en la escuela. Otros han desertado
de la escuela, pero no pueden encontrar empleo. Lo mejor
para ellos es quedarse en la escuela o volver a ella y/o adquirir
capacitación para empleo a fin de prepararse para mantener a
la familia.

Julio tenía un trabajo que pagaba poco y, al igual que muchos otros padres jóvenes, se preguntaba cómo iba a mantener a su familia.

Ya seas la madre o el padre, tienes que encarnar la "reputación" de padre (o madre), como dice Julio. Nunca más lo sabrás todo –nadie lo sabe todo—pero tendrás que responsabilizarte por tu criatura. Ser responsable incluye la responsabilidad económica.

*Me imaginé que todo iba a ser fácil. Me imaginé que (la crianza) iba a avanzar sin esfuerzo. He pasado muchos momentos malísimos, momentos en que estaba pelado y me preguntaba cómo le iba a dar de comer a mi hijo, a comprar los pañales. Por lo general conseguía empleo, no suficiente dinero para mí, pero sí suficiente para que mi hijo tuviese lo necesario.*

*Antes del nacimiento de Dorian, antes de ni siquiera pensar en tener un bebé, mi plan era ir a la universidad y graduarme de arquitecto, pero me despisté un poco. Todavía estoy en la universidad.*

*Ahora estoy trabajando como yesero de encargo. La paga es buena, pero como ocupación de por vida, no.*

Riley, 18 – Dorian, 11 meses

## Importancia de la educación

*Regresé a la escuela porque tengo que graduarme por mi hijo. El papá de Barnaby no se graduó, así que yo soy quien tiene que hacerlo. ¿Cómo puedo ayudarlo a hacer su tarea de matemáticas? Yo tenía que regresar a la escuela.*

Bridget, 18 – Barnaby, 6 meses

Las mujeres que obtienen como mínimo una educación secundaria tienen cincuenta por ciento menos probabilidad de tener que acudir a TANF (Temporary Aid to Needy Families), la ayuda para familias necesitadas, que las que no se graduaron. Si la joven madre depende de los pagos del bienestar social, el dinero nunca le alcanza. Ahora, con la reforma al bienestar social, la elegibilidad para ayuda de bienestar social ha sido severamente limitada.

*Cuando me mudé con mi esposo, dejé de asistir a la escuela. Regresé cuando nació Buchanan porque me puse a pensar que quiero un buen empleo. Quiero una educación universitaria. Quiero demostrarle a Buchanan que he vivido mi vida bien. Quiero conseguir empleo para ayudar a manternerlo tanto económica como emocionalmente.*

Camelia, 16 – Buchanan, 6 meses

Sharon también decidió volver a la escuela:

*Había pasado dos años sin ir a la escuela. Vi un anuncio en una tienda sobre esta escuela para madres (y padres) adolescentes. Anoté el número y cuando llegué a la casa, llamé. Ahora estoy en la escuela otra vez y allí cuidan a mis niños.*

*Necesito educación por mis hijos, para poder conseguir un buen empleo. Si mis chiquillos me quieren preguntar algo, quiero poder darles la respuesta. Quiero lo mejor para ellos. Mi esposo también me quiere en la escuela.*

Sharon, 19 – Ricardo, 35 meses; Monique, 16 meses

Sharon tiene suerte. Reside en un distrito escolar que proporciona guardería para bebés y párvulos de estudiantes.

Si tu escuela no tiene un centro de atención infantil y tú no tienes a un pariente o amigo que cuide a tu niño mientras continúas los estudios, ¿qué vas a hacer? En *El primer año del bebé* se dan sugerencias para seleccionar la atención adecuada para tu criatura y para entenderte con el gasto de esa atención.

## Ocupaciones no tradicionales para mujeres

*Yo deserté de la escuela a los cinco meses del embarazo de Celeste. Después, cuando quedé embarazada*

*otra vez, mi hermana se enteró del Teen Parent
Program y me lo recomendó.*
  *"Yo no voy allí", le dije. "Me van a humillar por
tener otro hijo todavía tan joven".*
  *Pero no, no lo hicieron y todo el mundo me entiende.
No quiero otro bebé por un buen rato. Quiero una
carrera. Quiero ser mecánica, aunque mi papá quiere
que estudie otra cosa. Nuestro Community College no
cobra las cuotas a las madres solteras y a los padres
solteros.*
Noelle-Marie, 19 – Celeste, 21/2; Carrie, 9 meses

La idea de Noelle-Marie de hacerse mecánica puede ser
muy acertada. Los padres adolescentes necesitan trabajos
que paguen los suficiente para mantener a una familia. Los
empleos para graduados de secundaria son generalmente en
campos técnicos o en ocupaciones que se consideran no
tradicionales para mujeres.

Los empleos y carreras tradicionalmente dominados por
hombres tienden a pagar mejor que los que tradicionalmente
ocupan mujeres, aunque la educación que se requiere para
trabajos "de hombres" y "de mujeres" es similar. Ejemplos de
ocupaciones no tradicionales para mujeres son oficios técnicos
como carpintero, plomero, técnico de auto/diésel, policía y
bombero.

Si eres una madre joven y a tus padres, como el papá de
Noelle-Marie, no les gusta la idea de que te hagas mécanica
o plomera, estudia la paga comparativa de distintas clases
de trabajo. Además, calcula lo que costaría para que tú y tu
hijo vivan de la manera que te gustaría vivir. Comparte los
resultados con tus padres. Una carrera no tradicional puede
ser la ruta para un estilo de vida más satisfactorio para ti y tu
familia.

  *Casi todas mis amigas que han tenido bebés han
desertado de la escuela. Eso me molesta mucho. Dos de*

*mis buenas amigas que desertaron van a trabajar en un
restaurante de comida rápida o en una tienda y eso no
va a mantener a sus hijos.*

*No sé si voy a estar con el papá de mi bebé por
siempre y no quiero tener que depender de sus
entradas. Quiero poder vivir por mi cuenta.*

Lyra, 18 – Leah, 21/2

## Después de la secundaria, ¿qué?

A menudo es importante no posponer la educación. Si ya
te graduaste de secundaria, es posible que decidas seguir
adelante con planes para capacitación en el futuro ya mismo.

Shirley se graduó de secundaria hace tres años, cuando
Virgina tenía catorce meses. Como en la escuela había
aprendido destrezas de oficinista, Shirley empezó a trabajar
unos meses después en la oficina de bienestar social de su
condado. Después de trabajar directamente con personas que
solicitan bienestar social, tiene opiniones firmes al respecto:

*Con bienestar social no vas a ninguna parte. Oigo
decir: "Tengo estos dos niños que se están muriendo de
hambre y . . ." Lo único que puedo decir es que si uno
se atiende a uno mismo como persona, y a esos niños,
se va a salir de esto y va a trabajar. Yo nunca podría
obtener lo que quiero esperando un cheque el primero y
el quince. Yo no podría subsistir con lo que alguien me
da sencillamente porque tengo bebé. Yo quiero muchas
cosas para mí y para mi hija.*

Shirley, 20 – Virginia, 4

Recuerda que cuando teminas la secundaria, tu probabilidad de estar en bienestar social baja a la mitad de lo que sería
si hubieses desertado antes de graduarte.

Los padres y las madres que continúan su educación y
tienen buenos empleos obviamente están en mejores condiciones que los que abandonan la escuela y cuya única entrada es
un subsidio temporal de TANF.

*Yo seguí en la escuela. Tú vas a la escuela para poder conseguir la clase de trabajo que quieres. Yo no estoy en bienestar social—nunca estuve. A la hora del pago, no tengo plata, pero ya voy para allá. Ser independiente es lo que cuenta.*

*Quiero ser secretaria administrativa y por eso voy a asistir al junior college los dos años que vienen.*

Ginger, 18 – Sean, 17 meses

## El empleo y la autoestima

Muchas madres jóvenes también reflexionaron sobre los cambios que un empleo puede proporcionar a la autoestima.

*Su mamá y su papá trabajan duro para darle una buena vida.*

Mencionaron varias veces que cuando una madre se siente
bien como es, cuando su autoestima es buena, es una madre
mejor que cuando no se quiere a sí misma.

*Cuando Martha estaba muy pequeña, estuvimos
solas casi un año. Yo me pasaba casi todo el día en
casa, frente a la TV y aburrida. En ese período, yo no
ponía de mi parte. Dependía de mis padres y del
bienestar social.*

*Ahora me mantengo a mí misma. Me siento bien
como soy porque lo estoy logrando con mi esfuerzo. Soy
ayudante de enfermería y estoy tomando una clase de
terminología médica.*

*Considero que soy una madre mejor cuando me
siento bien como soy.*

Alta, 22 – Martha, 6; Howard, 3

Por supuesto que esto también se aplica a los padres.
Muchos jóvenes tienen dificultad para encontrar un empleo
que pague lo suficiente para mantener a su familia. Ya seas la
madre o el padre, nunca está de más enfatizar la importancia
de prepararse para una posición laboral.

¿Ya has abandonado la escuela? Bueno, tienes que regresar
en el acto. Puedes volver a la escuela donde estabas o a una
clase especial para madres (y padres) adolescentes – si tienes
la suerte de que exista una de esas escuelas en tu área.

En casi todos los estados, si tienes 18 años o más, puedes
asistir al "community college" de la localidad para tomar
clases que te sirven para ganar el diploma de escuela
secundaria. Consulta los catálogos de "community colleges"
para enterarte de programas de capacitación para empleo.
Las posibilidades pueden incluir programas ocupacionales
regionales (OPR por las siglas en inglés para Regional
Occupation Program), así como centros de carrera en escuelas
secundarias. Tal vez puede haber ayuda de guardería o transporte, especialmente si tienes derecho a TANF. Consulta con
tu trabajadora social.

## ¿Quién se queda en casa?

Si cohabitas con tu pareja, tal vez ambos van a tener que trabajar sencillamente para poder pagar las cuentas. O tal vez uno de los dos se va a quedar en casa con el niño o los niños mientras el otro sigue trabajando. En las familias tradicionales, la mamá se queda en casa y atiende a los niños y limpia la casa. Si los recursos lo permiten, muchas familias aún prefieren que la madre (o el padre) se quede en casa con los niños pequeños. Tanto la madre como el padre puede atender a los niños y tanto la madre como el padre puede mantener a la familia. Pero hoy día es más frecuente que tanto la madre como el padre compartan los dos papeles.

## Los gastos de la mudanza son grandes

Residir con tus propios padres a menudo es difícil si tienes un hijo. Mudarse a una vivienda propia es ciertamente algo que uno entiende. Si nunca has vivido por tu cuenta, si tus padres siempre han pagado las cuentas, a lo mejor no tienes idea de lo costoso que es mantener un apartamento.

*Pienso mudarme dentro de tres meses cuando Holly (amiga que tiene un bebé) cumpla 18 años. Yo tengo 15. Ojalá que a mí me den $350 del bienestar social. Un apartamento costará $500 al mes y lo voy a compartir con Holly. También vamos mitad y mitad con la comida y para entonces Robin va a comer comida normal. Probablemente lo podemos lograr.*

Melinda, 15 – Robin, 9 meses

En primer lugar, es dudoso que Melinda pueda recibir dinero del bienestar social si se muda a los 15 años. En casi todos los estados, una madre tiene que residir con sus propios padres para poder tener derecho a TANF. Si Melinda puede obtener el dinero por su cuenta, ella y Holly van a tener problemas para alquilar un apartamento. Los caseros prefieren no alquilar apartamentos a madres jóvenes y sus hijos, especialmente si sus entradas provienen del bienestar social.

En segundo lugar, Melinda da la impresión de que no tiene planes realistas para todos los otros gastos. Ella y Holly tienen que hablar con otras familias jóvenes que viven por su cuenta. ¿Cuánto gastan realmente en comida? ¿Y qué tal el transporte? ¿La ropa? ¿Gastos de urgencia o emergencia?

El alto costo de la vida independiente puede estar fuera de tu alcance. O ese alto costo puede ser la razón principal por la cual sigues con tus padres.

## Dinero vs. felicidad

El dinero no compra la felicidad, pero la falta de dinero "suficiente" francamente puede causar muchísima infelicidad. Al planear tu futuro, es importante que prepares un plan que incluya cómo vas a ganar el dinero suficiente para mantener a tu niño.

Aunque la madre y el padre cohabiten y ambos trabajen, es posible que tengan problemas económicos:

*Teníamos crédito y nos endeudamos cada vez más. Cuando al fin lo escribimos en un papel, teníamos $2600 de deuda todos los meses pero nuestras entradas eran de $1900 mensuales.*

*Escribimos cartas que creíamos razonables. Pero no sirvieron de nada. Se llevaron todos nuestros muebles y nos declaramos en bancarrota hace un año.*

*Fue difícil para los niños cuando nos quedamos sin muebles. No teníamos refrigeradora. Dormíamos sobre un colchón en el suelo y guardábamos la comida en una nevera. ¿Cómo explicas eso a los niños?*

*Cuando declaras bancarrota, tu crédito se arruina entre siete y diez años. Tienes que tener un fiador o mucha garantía para poder obtener crédito. Nos apretamos el cinturón de semana en semana. La verdad es que no somos buenos administradores de dinero. Lo*

208 Tu futuro — el futuro de tu niño

*que hacemos ahora es que Denver guarda la chequera para que yo no pueda girar cheques.*

*Lo peor que puedes hacer es declarar bancarrota. Yo vendería absolutamente todo lo que hay en mi casa antes de volver a hacerlo.*

*Yo consultaría con un consejero de crédito pero Denver no quiere ir. Según él, debemos ser capaces de manejarlo nosotros mismos – pero no lo somos.*

*Es así de difícil. Lo importante es manejar tu dinero. Pienso que en las escuelas deberíamos enseñar [una clase sobre] el manejo del dinero.*

Mitzi, 22 – Selene, 5; Vaugh, 2

Cualesquiera que sean tus entradas, tal vez sería conveniente reflexionar sobre el último comentario de Mitzi. A veces una clase sobre manejo de dinero le puede servir a una persona para planear cómo hacer un presupuesto para el dinero. Si consideras que estás en camino a un desastre económico, busca ayuda. No vayas a la deriva hasta que tengas los grandes problemas monetarios con los que se enfrentan Mitzi, Denver y sus niños.

Es posible que en tu comunidad exista un grupo sin fines lucrativos que ofrezca consejería para crédito en tu comunidad. Ten cuidado con los consejeros que cobran mucho por sus servicios. Busca en la guía telefónica bajo "Debt Counseling" o algo parecido. Trata de encontrar a alguien que cobre poco o no cobre nada para que te ayude a preparar un presupuesto basado en tus entradas.

Con un poco de ayuda profesional, más muchísimo esfuerzo de tu parte, tal vez podrías solucionar problemas monetarios que parecen insolubles.

## Otros problemas

No todos los problemas tienen símbolo de dólar. Los padres adolescentes, como todo el mundo, tienen altibajos en sus vidas.

A lo mejor ya estás en la escuela, o puede ser que tengas empleo. Tal vez estés haciendo planes para tu futuro y el de tu hijo. Pero si tu vida no va en la dirección que tú quisieras, ¿has pensado en obtener más ayuda? No tienes que manejarlo todo tú sola.

> *Es difícil ser madre soltera. Por un tiempo convivimos y me hace falta el apoyo emocional. Cuando me pongo irritada de verdad, meto a Juanita en la cuna y la dejo llorar. No puedo hacer nada si no la cargo todo el día y entonces me irrito todavía más.*
>
> Esperanza, 17 – Juanita, 12 meses

Si tienes más problemas de los que puedes enfrentar tú sola, el primer paso es aceptar el hecho de que necesitas ayuda. A ciertas personas se les dificulta mucho admitir que no se pueden bandear solas.

Es posible que tú ya recibas ayuda informal. Las familias a menudo son una buena fuente de apoyo. También lo son las amistades. La verdad es que otras madres (y padres) jóvenes pueden ofrecer un apoyo tremendo sencillamente porque también enfrentan algunos de los mismos problemas que te atormentan a ti.

## En busca de recursos comunitarios

A lo mejor necesitas más ayuda de la que pueden proporcionar los parientes y las amistades. Tal vez ellos te pueden sugerir recursos de la comunidad adonde puedes acudir. Averigua acerca de recursos con personas con quienes te relacionas – la directora de un centro de guardería, tu ministro, tu médico, o tu maestra.

Además, consulta la guía telefónica. La asociación de salud mental del estado o del condado y el departamento de sicología de una universidad cercana (o un "college") pueden recomendar servicios de consejería.

Si recibes TANF (bienestar social o welfare), pide cita con

210 Tu futuro — el futuro de tu niño

una trabajadora social si necesitas ayuda especial. Los trabajadores sociales por lo general tienen una grandísima cantidad de casos, pero algunos pueden proporcionar ayuda extra a los clientes. Si existe un centro comunitario en tu localidad, el trabajador social de allí a lo mejor te puede recomendar algún lugar adonde ir con tus problemas. El departamento de servicio social del hospital podría ser un buen recurso. En EE. UU. hay más de 300 agencias conectadas con la Family Service Association of America. Estas agencias ofrecen consejería individual y familliar a bajo costo, así como gran variedad de servicios adicionales para familias.

Para la agencia de tu área, consulta la guía telefónica bajo los siguientes apartados: Family Service Association, Council for Community Services, County Department of Health, Counseling Clinic, Mental Health Clinic, o United Way.

## No te des por vencida

Por lo general, puedes obtener una lista de líneas gratuitas por medio de la operadora de teléfonos. Llama a información (411, ó un número gratuito, 1.800.555.1212) y di: "Tengo este problema. ¿Me puede ayudar?"

Es posible que al llamar a estas líneas gratuitas y otros servicios comunitarios, los números telefónicos que te han dado no te sirvan para nada. Con frecuencia, los números cambian, o tu llamada la contesta una grabación, o la persona con quien hablas te dice que la agencia no te puede ayudar.

Cuando esto sucede, no te des por vencida. Si una persona contesta a tu llamada pero no te puede ayudar, pide que te remita a otro lado u otra persona. Dile que necesitas ayuda. No sabes a quién hacer la siguiente llamada. Explica cuánto apreciarías cualquier idea que él o ella te pueda ofrecer.

## Consejería prenatal/marital

Si quedas embarazada inesperadamente, es posible que en tu comunidad existan varias agencias especializadas para ayudarte a ti y otras en tu situación. Llama a Planned Parenthood Association, Florence Crittenton Services, Catholic Charities, o servicios para familias o niños. O consulta con tu consejero de guía, tu médico, o tu pastor, sacerdote, rabino, imám u otro líder religioso.

Si eres madre soltera, averigua si en tu comunidad existe un grupo de apoyo para madres solteras. Consulta con los recursos antes mencionados para que te den información sobre tales grupos. En ciertas áreas, la Children's Aid Society ofrece grupos de apoyo para madres solteras.

Los consejeros para familias y parejas por lo general aparecen en las páginas amarillas de la guía telefónica. En tu comunidad puede haber una agencia gratuita de consejería, o que cobre según tus entradas. Si tus entradas son mínimas, a lo mejor no te cobran nada.

La independencia y la autosuficiencia son magníficas – si funcionan. Todo el mundo necesita un poco más de ayuda de vez en cuando. Si éste es el momento de especial necesidad para ti, haz todo lo posible por obtener esa ayuda. Tanto tú como tu niño se alegrarán de que lo hiciste.

## El texto de la vida

*Te cansas, pero puedes trabajar, puedes ir a la escuela, puedes estar con tu hijo. Nomás tienes que programarlo en tu horario.*

Brynn, 17 – Brent, 17 meses

Hay quienes consideran que una joven que tiene un niño a los 16 años está condenada a una vida de pobreza y desdicha. Indican que la joven madre probablemente va a abandonar la escuela y no podrá conseguir un empleo constante, un trabajo que le pague lo suficiente para proporcionar lo que ella y su hijo necesiten. Puede ser que ella crea que tiene que casarse. Sus opciones en la vida parecen muy limitadas.

Si una madre adolescente puede mejorar sus destrezas vocacionales, conseguir empleo y, cuando está lista para ello, casarse con alguien a quien quiere, el texto o plan de su vida puede ser muy diferente.

*Me siento vieja en comparación con el primer embarazo. Miro la vida con ojos diferentes. Tengo dos niños, así que no puedo vivir sin saber lo que quiero hacer con mi vida. Ahora soy más responsable y cada minuto cuenta.*

*Yo trabajo y voy a la escuela. No me dejo influir por mis amigas como antes. Hay quienes, a pesar de tener hijos, siguen viviendo como si sus padres fueran a seguir atendiendo a ese hijo de ella.*

*Conmigo eso no funciona. En ninguno de los dos lados nuestros padres se responsabilizan de criar a nuestros hijos. Me parece muy bien que sea así. Si lo hicieran, yo lo tomaría por sentado y los dejaría con mis padres continuamente.*

Mary, 21 – Shawna, 4; Ahmud, 20 meses

Casi todas las madres (y todos los padres) citados en este libro no se adaptan a una vida de privaciones por la maternidad (y paternidad) temprana. Lo que sucede es que muchos continúan con sus estudios y adquieren destrezas laborales. No aceptan un texto para una vida colmada de pobreza y desdicha. Se están dando cuenta de que "escribir –y vivir— un texto triunfador es una tarea difícil.

Aun las madres y los padres muy jóvenes pueden hacerse cargo del texto de sus vidas...si continúan su educación y adquieren destrezas vocacionales. Para la mayoría de los padres y madres esto será muy difícil, pero bien vale la pena.

Tú y tu hijo se merecen lo mejor. Si obtienes tu educación y mejoras tus destrezas vocacionales, puedes hacerte cargo del texto de tu vida. *¡Mejor para ti!*

# Apéndice

# Acerca de la autora

Jeanne Warren Lindsay es autora de dieciséis libros para y sobre adolescentes embarazadas y que crían a sus hijos. Para 2004, se habían vendido casi 700,000 ejemplares de sus libros.

Los libros de Lindsay tratan de asuntos relacionados con el embarazo de adolescentes, la crianza y la adopción desde la perspectiva de la familia natural, así como de relaciones entre adolescentes. Su obra *Teen Dads: Rights, Responsibilities and Joys* fue seleccionada por la American Library Association como uno de los libros recomendados para lectores jóvenes reacios.

Lindsay ha laborado con cientos de adolescentes gestantes y en crianza. Fue ella quien desarrolló el Teen Parent Program en Tracy High School, Cerritos, California, y coordinó el programa durante muchos años. La mayoría de sus libros son para adolescentes gestantes y en crianza; para ilustrar los conceptos, a menudo se citan comentarios hechos en entrevistas.

Lindsay creció en una finca en Kansas. Durante 43 años ha residido en la misma casa en Buena Park, California. Le encanta visitar el Oeste Medio, pero dice que ahora es adicta a la vida en el sur de California. Ella y su esposo Bob tienen cinco hijos y siete nietos.

Lindsay es redactora de *PPT Express*, un boletín trimestral para educadores y otras personas que trabajan con adolescentes embarazadas y que crían a sus hijos. A menudo participa en conferencias por todo el país pero dice que lo que prefiere es entrevistar a los jóvenes para sus libros o escribir bajo el olmo del patio de su casa.

# Bibliografía

La siguiente bibliografía contiene libros y otros recursos para adolescentes embarazadas y que crían a sus hijos. Muchos de estos títulos tienen cuadernos de trabajo y otras formas de ayuda para el salón de clase.

Los precios que se incluyen son de 2004. Pero como los precios cambian tan rápidamente y las editoriales se mudan, llama a la librería local, averigua con una librería en línea, o llama al departamento de referencia de la biblioteca para saber el precio actual. Si no puedes encontrar un determinado libro en tu librería, casi siempre lo puedes obtener directamente de la editorial. Incluye $3.50 por gastos de envío de cada libro. En la páginas 223-224 hay una hoja de pedidos para publicaciones de Morning Glory Press.

Anasar, Eleanor. *"You and Your Baby: Playing and Learning Together." "You and Your Baby: A Special Relationship."* 2001. *"You and Your Baby: The Toddler Years."* 2003. 32 págs. c/u. Versiones en inglés y en español. $2.65 c/u. Descuentos por cantidades grandes. The Corner Health Center, 47 North Huron Street, Ypsilanti, MI 48197. 734.484.3600.
*Hermosísimas fotos de adolescentes con sus hijos cada dos páginas. Cada librito contiene información útil a un nivel de lectura sumamente fácil.*

Arnoldi, Katherine. *The Amazing True Story of a Teenage Single Mom*. 1998. 176 págs. $16. Hyperion.
*Escrito como experiencia de la vida real en formato de muñequitos, es la historia de una mamá que tenía sueños pero enfrentaba muchos obstáculos para realizarlos.*

Beaglehole, Ruth. *Mama, listen! Raising a Child without Violence: A Handbook for Teen Parents*. 1998. 224 págs. $25. Curriculum Guide, $20. Ruth Beaglehole, 2126 Echo Park Ave., Los Angeles, CA 90026. 323.661.9123.
*Un libro singular. Casi todo está escrito como en la voz de un párvulo, con explicaciones de lo que necesita de sus padres. Buena descripción de las necesidades emocionales de niños pequeños. Se recomienda una absoluta ausencia de violencia (no pegar ni dar nalgadas) por toda la obra.*

Harris, Robie H. Ilustraciones de Michael Emberley. *It's Perfectly Normal: Changing Bodies, Growing Up, Sex and Sexual Health*. 1996. 89 págs. $10.99. Candlewick Press.
*Las ilustraciones son magníficas y dificultan el que uno siga pensando que los asuntos sexuales son cosas de las que no hablamos con nuestros hijos.*

*Heart to Heart Program*. *Para información, Heart to Heart, Ounce of Prevention Fund, 122 South Michigan Avenue, Ste. 2050, Chicago, IL 60603. 312.922.3863.*
*Acercamiento innovador para prevenir el abuso sexual de menores enseñando a padres adolescentes cómo proteger a sus hijos. El programa se puede presentar en escuelas o programas comunitarios. Los presentadores participan en capacitación de dos días y compran la guía de currículo y facilitador.*

Jacobs, Thomas A., et al. *What Are My Rights? 95 Questions and Answers about Teens and the Law*. 1997. 208 págs. $14.95. Free Spirit Publishing. 612.338.2068.
*Una guía sin adornos de las leyes que afectan a los adolescentes en casa, en la escuela, en el trabajo y en la comunidad.*

Lansky, Vicki. *Getting Your Child to Sleep . . . and Back to Sleep*. 1991. 132 págs. $6.95. The Book Peddlers.
*Una mina de sugerencias para tratar con bebés y niños pequeños que no duermen de la manera regular que quisieran los padres.*

Leach, Penelope, y Jenny Matthews. *Your Baby and Child from Birth to Age Five*. Revisado, 2003. 560 págs. $25. Dorling Kindersley Pub. Ltd..
*Un libro de absoluta belleza repleto de información, muchas fotos a color*

*y hermosos dibujos. Guía comprensiva, autorizada y sumamente sensible
para el cuidado y desarrollo de la criatura.*

Lieberman, E. James, M.D., y Karen Lieberman Troccoli, M.P.H. ***Like
It Is: A Teen Sex Guide.*** 1998. 216 págs. $25. McFarland and Co.
*Excelente libro para padres (y todos los) adolescentes. Describe métodos
anticonceptivos, empezando con la abstinencia, y los riesgos asociados con
cada uno de ellos. Da información sin idea preconcebida sobre opciones
para el embarazo.*

Lindsay, Jeanne Warren. ***El reto de los párvulos*** y ***El primer año del
bebé*** ( En inglés: The Challenge of Toddlers y Your Baby's First
Year) (Teens Parenting Series). 2004. 224 págs. (c/u. Rústica, $12.95
c/u; empastado, $18.95 c/u. Cuadernos de trabajo, $2.50 c/u. Morning Glory Press. 888.612.8254.
*Libros prácticos especialmente para madres/padres adolescentes. Muchas
citas de adolescentes que comparten sus experiencias. Juegos de tablero
($29.95 c/u), uno para cada uno de estos títulos, dan refuerzo al aprendiza-
je. También hay disponible una serie de 4 videos, **Your Baby's First Year.**
Para detallada guía del maestro, ver **Challenge of Toddlers Comprehensive Curriculum Notebook** y **Nurturing Your Newborn/Your Baby's First
Month Comprehensive Curriculum Notebooks.***

_____. ***Do I Have a Daddy? A Story About a Single-Parent Child.***
2000. 48 págs. Rústica, $7.95; empastado, $14.95. Guía de estudio
gratis. Morning Glory Press.
*Un libro hermoso con fotos a todo color para el niño o la niña que nunca ha
conocido a su papá. Una sección especial de 16 páginas da sugerencias a
madres solteras.*

_____. ***Teen Dads: Rights, Responsibilities and Joys*** (Teens Parent-
ing Series). 2001. 224 págs. $12.95. Guía del maestro, cuaderno de
trabajo, $2.50 c/u. Morning Glory Press.
*Libro práctico especialmente para papás adolescentes. Sugerencias para la
crianza desde la concepción hasta los 3 años de la criatura. Muchas citas y
fotos de papás adolescentes. Para información detallada para la enseñanza,
ver **Teen Dads Comprehensive Curriculum Notebook.***

_____. ***Teenage Couples –Caring, Commitment and Change:
How to Build a Relationship that Lasts. Teenage Couples—Coping with Reality: Dealing with Money, In-laws, Babies and Other
Details of Daily Life.*** 1995. 208, 192 págs. Rústica, $9.95 c/u;
empastado, $15.95 c/u; cuaderno de trabajo, $2.50 c/u; guía de
currículo, $19.95. Morning Glory Press.
*La serie cubre tópicos importantes: comunicación, manejar las contro-
versias, mantener viva la llama amorosa, relaciones sexuales, celos,*

218                                                              Bibliografía

*alcoholismo y drogadicción, maltrato doméstico y divorcio; y también da
detalles prácticos de la vida. Muchas citas de parejas de adolescentes.*

_____ y Jean Brunelli. **Nurturing Your Newborn: Young Parent's
Guide to Baby's First Month** (En español: *Crianza del recién
nacido: Guía para el primer mes.*). (**Teens Parenting Series**) 2005.
96 págs. $6.95. Morning Glory.
*Enfoca el período del posparto. Ideal para madres/padres adolescentes
después del alumbramiento. Para mayor ayuda en enseñanza, ver
Nurturing Your Newborn/Your Baby's First Year Comprehensive
Curriculum Notebook, en pág. 217.*

_____. **Your Pregnancy and Newborn Journey** (En español: *Tu
embarazo y el nacimiento de tu bebé.*) (Teens Parenting Series).
2004. 224 págs. Rústica, $12.95; empastado, $18.95; cuaderno de
trabajo, $2.50. Descuento por cantidades grandes. Morning Glory
Press.
*Libro sobre salud prenatal para adoescentes embarazadas. Incluye una
sección sobre el cuidado del recién nacido y un capítulo para los padres.
Para información detallada sobre ayuda para la enseñanza, ver Your Pregnancy and Newborn Journey Comprehensive Cuarriculum Notebook. Ver
también el juego de tablero Pregnancy and Newborn Journey y el juego
Pregnancy Two-in-One Bingo.*

_____ y Sally McCullough. **Discipline from Birth to Three.** 2004.
224 págs. Rústica, $12.95; empastado, $18.95; cuaderno de trabajo,
$2.50; descuentos por cantidades grandes. Morning Glory Press.
*Proporciona guías para ayudar a padres adolescentes a prevenir problemas
de disciplina y cómo entenderse con los mismos cuando ocurren. Para
sugerencias detalladas, ver Discipline from Birth to Three Comprehensive
Curriculum Notebook. También la serie de cuatro videos: Discipline from
Birth to Three.*

Marecek, Mary. **Breaking Free from Partner Abuse.** 1999. 96 págs,
$8.95. Descuento por cantidades grandes. Morning Glory Press.
*Hermosa edición ilustrada por Jami Moffett. El mensaje de fondo es que
quien lo lee no merece el maltrato. De escritura sencilla. Puede ayudar a
una joven a escapar de una relación abusiva.*

MELD Parenting Materials Nueva Familia: Seis libros en inglés y
español. **Baby Is Here. Feeding Your Child, 5 months-2 years,
Healthy Child, Sick Child. Safe Child and Emergencies. Baby
Grows. Baby Plays.** 1992. $10 c/u. MELD, Suite 507, 123 North
Third Street, Minneapolis, MN 55401. 612/332-7563.
*Libros de muy fácil lectura repletos de información. Preparados*

*especialmente para familias mexicanas y mexico-americanas, pero
excelentes para cualquier persona de alfabetización limitada. Pedir a
MELD catálogo de materiales para padres de edad escolar.*

MELD (colaboración). *The Safe, Self-Confident Child.* 1997. $8.95.
MELD. *Importante información sobre cómo proteger a los niños de peligros y
maneras de ayudarles a mejorar su confianza en sí mismos.*

Parent Express Series: *Parent Express: For You and Your Infant.* En
español: *Noticias para los padres. Parent Express: For You and
Your Toddler.* Cada boletín, 8 págs., $4 cada juego. ANR
Publications, University of California, 6701 San Pablo Avenue,
Oakland, CA 94608-1239. 510/642-2431.
*Magnífica serie de boletines para padres. El primer juego, disponible en
inglés y español, empieza dos meses antes del alumbramiento y continúa
mes por mes durante el primer año del bebé. El segundo juego, con doce
cartas, cubre el segundo y el tercer año. Buen recurso para padres
adolescentes. Hermosas fotos, fácil lectura.*

Pollock, Sudie. *Will the Dollars Stretch? Teen Parents Living on Their
Own.* 2001. 112 págs. $7.95. Guía del maestro, $2.50. Morning
Glory Press.
*Cinco narraciones breves sobre padres adolescentes que se van a vivir por
su cuenta. Al leer, los estudiantes sentirán lo que es la pobreza que experi-
mentan muchos padres adolescentes—al girar cheques y balancear
la chequera de los jóvenes padres involucrados.*

_____. *Moving On: Finding Information You Need for
Living on Your Own.* (En español: *Seguir adelante: Cómo obtener
la información necesaria para vivir por tu cuenta*). 2001. 48 págs.
$4.95. 25/$75. Morning Glory Press.
*Guía con espacios que llenar a fin de ayudar a jóvenes a buscar
información acerca de lo que necesitan para vivir en la comunidad aparte
de la casa de la familia.*

Porter, Connie. *Imani All Mine.* 1999. 218 págs. $12. Houghton Mifflin.
*Magnífica novela cuya protagonista es una madre adolescente negra en el
barrio donde la realidad de la vida diaria consiste en pobreza, racismo y
peligro.*

Reynolds, Marilyn. **True-to-Life Series from Hamilton High:** *Detour
for Emmy. Telling. Too Soon for Jeff. Beyond Dreams. Baby Help.
But What About Me? Love Rules. If You Loved Me.* 1993-2008.

160-256 págs. Rústica, $8.95 (*Love Rules* and *No More Sad Good-byes*, $9.95). La *True to Life Series Teaching Guide* (1996, 144 págs., $21.95) cubre los cuatro primeros títulos. Para los otros cuatro hay guías separadas, $2.50 c/u. Morning Glory Press. *Absorbentes relatos que tratan de la situación que enfrentan los adolescentes. Se comienza con* **Detour for Emmy**, *novela premiada, acerca de una madre de 15 años. Los estudiantes que leen una de las novelas de Reynolds por lo general piden más. Los tópicos incluyen maltrato doméstico, violación por parte de conocidos, padres adolescentes reacios, abuso sexual, accidente mortal, abstinencia, homofobia, fracaso escolar.*

Rodríguez, Luis J. *Always Running – La vida loca: Gang Days in L.A.* 1993. 260 págs. $11. Touchstone, Rockefeller Center, 1230 Avenue of the Americas, New York, NY 10020.
*El autor narra su propia vida en una pandilla del este de L.A. en la década de los 70. Es una autobiografía que explora las motivaciones de la vida en las pandillas y advierte contra la muerte y destrucción que inevitablemente reclama a sus participantes. Ayuda al lector a entender los motivos por los que los jóvenes se afilian a las pandillas y las dificultades para liberarse de ellas.*

Seward, Angela. Illustrated by Donna Ferreiro. **Goodnight, Daddy.** 2001. 48 pp. Rústica, $7.95; empastado, $14.95. Morning Glory.
*Bello libro de láminas a color muestra la emoción de Phoebe porque su papá la va a visitar hoy. Luego queda desolada cuando él llama para decir que "Se ha presentado algo" y no puede ir. El libro ilustra la importancia del padre en la vida de una criatura.*

Williams, Kelly. *Single Mamahood: Advice and Wisdom for the African American Single Mother.* 1998. 190 págs. $12. Carol Publishing Group, Enterprise Avenue, Secaucus, NJ 07094.
*Guía práctica, de hermana a hermana. Ofrece sugerencias sobre cómo bregar con trabajo, escuela, mantención del menor, disciplina, salir otra vez y más.*

Wolff, Virginia E. *Make Lemonade.* 2003. 208 págs. $5.95. Scholastic.
*Magnífica novela sobre una adolescente que reside en uno de los multifamiliares pobres ("projects") y se emplea como niñera para una madre adolescente; eventualmente la madre vuelve a la escuela, sus niños van a una guardería y su vida se encarrila otra vez.*

# ÍNDICE

*Favor de pedirnos catálogo completo, inclusive descuento por cantidades*

|  |  | Precio | Total |
|---|---|---|---|
| __ | *Teens Parenting Curriculum completo* | $1208.00 | _____ |

Uno de cada uno – seis *Comprehensive Curriculum Notebooks*
más 9 libros, 7 cuadernos de ejercicios, 8 videos, 5 juegos
Compre un texto y un cuaderno de trabajo para cada estudiante.
Comuníquese con nosotros para generosos descuentos por cantidades
Recursos para maestros de padres/madres adolescentes/consejeros:

| | | Precio | Total |
|---|---|---|---|
| __ | *Books, Babies and School-Age Parents* | 14.95 | _____ |
| __ | *ROAD to Fatherhood* | 14.95 | _____ |

**Resources for Teen Parents:**

| | | Precio | Total |
|---|---|---|---|
| __ | *¡Mami, tengo hambre!* | 12.95 | _____ |
| __ | *Mommy, I'm Hungry!* | 12.95 | _____ |
| __ | *Mommy, I'm Hungry Curriculum Notebook* | 125.00 | _____ |
| __ | *Tu embarazo y el nacimiento del bebé* | 12.95 | _____ |
| __ | *Your Pregnancy and Newborn Journey* | 12.95 | _____ |
| __ | Edición lectura fácil (nivel grado 2) | 12.95 | _____ |
| __ | *PNJ Curriculum Notebook* | 125.00 | _____ |
| __ | PNJ Board Game | 34.95 | _____ |
| __ | Pregnancy Two-in-One Bingo | 24.95 | _____ |
| __ | *Crianza del recién nacido* | 7.95 | _____ |
| __ | *Nurturing Your Newborn* | 7.95 | _____ |
| __ | Edición lectura fácil (nivel grado 2) | 7.95 | _____ |
| __ | *El primer año del bebé* | 12.95 | _____ |
| __ | *Your Baby's First Year* | 12.95 | _____ |
| __ | Edición lectura fácil (nivel grado 2) | 12.95 | _____ |
| __ | *BFY/NN Curriculum Notebook* | 125.00 | _____ |
| __ | Serie de cuatro videos/DVDs– Baby's First Year Series | 195.00 | _____ |
| __ | Baby's First Year Board Game | 34.95 | _____ |
| __ | *La disciplina hasta los tres años* | 12.95 | _____ |
| __ | *Discipline from Birth to Three* | 12.95 | _____ |
| __ | *Discipline Curriculum Notebook* | 125.00 | _____ |
| __ | Serie de cuatro videos/DVDs – Discipline Series | 195.00 | _____ |
| __ | Discipline from Birth to Three Board Game | 34.95 | _____ |
| __ | *El reto de los párvulos* | 12.95 | _____ |
| __ | *The Challenge of Toddlers* | 12.95 | _____ |
| __ | *CT Curriculum Notebook* | 125.00 | _____ |
| __ | Challenge of Toddlers Board Game | 34.95 | _____ |

SUBTOTAL (Llevar a parte superior página siguiente)  _____

**SUBTOTAL DE PÁGINA ANTERIOR** _____

__ *Teen Dads: Rights, Responsibilities and Joys* 12.95 _____
__ *Teen Dads Curriculum Notebook* 125.00 _____

## Más recursos para madres/padres adolescentes

**Los siguientes libros NO se incluyen en serie completa
de *Teens Parenting Curriculum:***

__ *Moving On* 4.95 _____
__ *Will the Dollars Stretch?* 7.95 _____
__ *Do I Have a Daddy?* Empastado 14.95 _____
__ *Pregnant? Adoption Is an Option* 12.95 _____
__ *Surviving Teen Pregnancy* 12.95 _____
__ *Safer Sex: The New Morality* 14.95 _____
__ *Teen Moms: The Pain and the Promise* 14.95 _____
__ *Teenage Couples: Caring, Commitment and Change* 9.95 _____
— *Teenage Couples: Coping with Reality* 9.95 _____

**Novelas por Marilyn Reynolds:**
__ *Love Rules* 9.95 _____
__ *If You Loved Me* 8.95 _____
__ *Baby Help* 8.95 _____
__ *But What About Me?* 8.95 _____
__ *Too Soon for Jeff* 8.95 _____
__ *Detour for Emmy* 8.95 _____
__ *Telling* 8.95 _____
__ *Beyond Dreams* 8.95 _____
__ *No More Sad Goodbyes* 9.95 _____

**TOTAL** _____

**Adjuntar envío: 10% del total—mínimo $3.50; 30% en Canadá**
**Residentes de California, adjuntar 7.75% por impuesto de venta** _____

**TOTAL** _____

Preguntar sobre descuentos por cantidad para guías de maestro y estudiante.
Se requiere prepago. Se aceptan pedidos de compra de escuelas/bibliotecas.
A falta de satisfacción, devolver en lapso de 15 días para reembolso.

☐ Cheque o giro    Mastercard ☐    Visa ☐

| | | | | | − | | | | | | − | | | | | | − | | | | |

NÚMERO TARJETA DE CRÉDITO (favor usar sólo números, sin espacios ni guiones)

| | | − | | |

FECHA DE VENCIMIENTO    FIRMA (requisito con tarjetas de crédito)

Dirección para facturar con tarjeta de crédito _____

NOMBRE _____

TELÉFONO_____ # de orden de pedidos_____

DIRECCIÓN _____